発達障害&グレーゾーンの小学生の育て方

［監修］鳥取大学大学院教授 井上雅彦
［協力］LITALICO発達ナビ編集部

すばる舎

はじめに

本書は、発達の遅れや偏りが気になる小学生の子どもを持つ保護者の悩みに応えるため、株式会社ＬＩＴＡＬＩＣＯが運営する発達ナビとのコラボレーションによって生まれました。書籍内で紹介している「悩み」は、発達ナビによる親御さんへのアンケートの中でも特にニーズが多かったものを取り上げています。

本書の目的は、一人ひとりの子どもの行動の原因に読者が気づき、行動の理解に基づいて環境整備や工夫を行い、親子で成功経験を得ていくことです。

同じ行動でも、子どもごとにその原因は異なり、解決方法も一つではありません。本書では基本的に、一つの悩みについて三つの解決方法を示していますが、もちろんそれ以外の原因や方法もあるでしょう。示された解決方法をそのまま適用するよりは、できればそれらをヒントにして、わが子に合った方法にアレンジしていただくことをおすすめします。

各章を読み進めていくと、「予定や手がかりを見える化すること」「あらかじめ予告すること」「ルールを具体的な約束にすること」「自己決定させること」「スモールステップにすること」「たくさん褒めること」などいくつかの共通したコツが見つけられると思います。試行錯誤しながら、わが子の子育てのコツをつかんでいきましょう。

とは言え、相当努力しても、うまくいかないこともあると思います。しかし、みんなと同じことができないことは、必ずしも問題ではないはずですし、見方を変えれば問題でなくなることもあるでしょう。さらにそのことを「問題」として捉えるのではなく、「苦手なこと」という一つの個性として考えられるとラクになります。

そのためには、苦手をすべて自分で克服するように教えるのではなく、ヘルプを出せるように教えていくことが大切です。

また、紹介した「悩み」の中には、家庭内で工夫しながら取り組めるものもありますが、学校での活動参加や友人関係など、親だけの努力では解決が難しいものも含まれています。

これら学校適応に関するものは、学校の先生たちとの共通理解や連携が必要なものが多く含まれています。一人で悩まず、勇気を出して学校の先生に、うまくいかなければ他の支援者に相談してみてください。

小学校の後半は思春期の入り口となります。心も身体も成長し、大人への準備として、子どもは自分の意思で考え行動するようになってきます。親からすると、反抗し、言うことを聞かなくなっていくように見えるかもしれません。一見、理不尽に感じる子どもの話に耳を傾け、彼らの悩みをともに考えていくことは、親として難しいものです。

しかし、そんな中で、子どもが相談できる親やだれかがいることは、その後の人生にとっても何より大事なことです。

子育てに答えはなく、子育ての中で親自身も親になっていきます。

親として自信をなくしそうなときは、子どものできないことに焦点化するのではなく、子どもの得意なことや好きなことに目を向けてみましょう。それが解決のヒントになり、好きなことに夢中になっている子どもの笑顔によって元気にしてもらえると思います。

本書が、親子の日々の生活に、成功経験をもたらすきっかけになることを願っています。

井上雅彦

目次　発達障害&グレーゾーンの小学生の育て方

第4章 「学校生活」の悩み

第5章 「対人関係」の悩み

第6章 「学習・運動」の悩み

第1章

不安だらけなのは、みんな同じです

1

悩んでいるのは あなただけではありません

入学した途端、小さな困りごとが大きなトラブルに

この本を手に取っているおうちの方々は、お子さんがやんちゃをしたり、こだわりを見せたりして困らせることがあっても、「他の子よりちょっと元気がよすぎるだけ」「ちょっと個性的なだけ」などと感じながら、日々の対応をしてこられたのではないでしょうか。

幼稚園や保育園の先生方から、その都度、上手なサポートを受けながら、さほど大きな問題を感じることなく、過ごされてきたのではないかと思います。

しかし、小学校入学を前に、今までの小さな不安が、突然大きな不安になってしまう方がたくさんいらっしゃいます。

就学相談で、それとなく支援学級をすすめられたり、就学前健診で、学校から

「ちょっと大変そうなお子さんですね」と言われたりして、ショックを受ける方もいらっしゃるでしょう。

そういうことがなくても、いざ入学してみたら、子どもが時間通りに動くのをいやがったり、集団行動になじめなかったり、授業の邪魔をしたりして、担任の先生から相談の電話がかかってくる……と悩む、おうちの方もいらっしゃいます。

入学前までは、お子さんのこだわりや個性について、家族や、幼稚園・保育園の先生の理解を得て対応できていたかもしれませんが、小学校になると難しいこともあります。

一人の担任が40人近い子どもを見るため、集団行動から外れる子どもは、とりわけ目立って見え、担任から負担に感じられてしまうかもしれません。

いままでは小さな困りごとだったのに、小学校になると、途端に「大きなトラブル」となり、まるで**自分とわが子だけが悪いような錯覚**に陥ってしまうこともあります。

「これから始まる小学校での生活、ちゃんとやっていけるのだろうか……」

「学校から呼び出しばかり。高学年になってもこのままだろうか……」

「個性を大切にしてほしい。でも集団生活にもなじめるよう折り合いをつけられないだろうか……」

こんな悩みを持っているのは、あなただけではありません。

本書は、同じような悩みを持つ親や支援者の情報サイト「発達ナビ」から寄せられた多くの方の悩みや声から生まれました。

ご自身と近い環境にいるご家族のよくある悩みがたくさん紹介されていますので、きっと共感していただけると思います。

2

まずは子どもの苦手を理解することから

お子さんが苦手なことは何ですか？

近年、発達障害という言葉が一般にも定着し、昔よりも手厚い支援が受けられるようになりました。もし発達障害と診断されても、周囲の理解やよい環境があれば、本人や親御さんが生きづらさを感じることは少ないでしょう。

その反面、まだまだ一般の小学校では理解されづらいところがあり、悩んでいる親御さんは多くいらっしゃいます。

また、発達障害の診断はされていなくても、個性的で周囲より少し浮いてしまう子、いわゆる「グレーゾーン」と言われる子の中には、先生や学校の理解が得られず、適切な対応を受けられなくて、生きづらさを抱えている場合もあります。

発達障害の有無にかかわらず、お子さんが小学校生活で困ったときに必要なのは、まず**「うちの子は何が苦手なのか」を理解する**ことです。

大人から見て「困った子」と断じるのではなく、子どもの目線に立って、お子さんが困っていることを一緒に考えてあげてください。

たとえば、「毎日同じ服を着たがる」というこだわりは、親からすれば洗濯が大変などの困りごとですが、子どもにとっては安心を得たいということで、困りごとではないかもしれません。

「これって本当に問題行動かな？」と立ち止まって考えてみるのも一つの手です。子どものこだわりを受け入れたからと言って、「子どもに負けた」「私はしつけができない」などと自己嫌悪に陥る必要はありません。

ただし、親の気持ちや社会のルールもあるので、子どもの要求を尊重してばかりはいられません。真っ向から子どものこだわりや要求を抑えるのではなく、どう折り合いをつけて付き合うかが重要です。

お子さんの困りごとで多いことの一つに、「かんしゃくを起こしやすい」というのがあります。家族にとってはつらいことですが、お子さんにとって家族は、「自分を一番わかってくれる人」「一番わかってほしい人」なので、家族には安心して感情をぶつけられるのでしょう。

かんしゃくの背景にあるのは、たいてい子どもなりの「こだわり」です。

「マイルールがある」「勝ち負けにこだわる」「ほしいものがある」……。こうしたこだわりを親が止めようとすると、かんしゃくにつながります。

家庭内でかんしゃくを起こすだけならまだしも、学校生活で自分のこだわりを通すためにかんしゃくを起こすと、集団生活が難しくなるでしょう。

子どものこだわりは理解しつつ、周囲や社会との折り合いをつける練習を、少しずつ家庭で始めなければなりません。

子どもの行動パターンから対策がわかる

かんしゃくが起こる場面では、とりあえずなだめるという対症療法がありますが、なぜかんしゃくを起こしたのか、おおもとの原因を考えないと、根本的には解決しません。また同じことでかんしゃくを起こしてしまうでしょう。

「今しっかりと叱らないと、将来わがままな子になるのでは」と心配するのはわかりますが、無理に子どものこだわりを矯正しようとすると、逆効果です。

まずは、「どんなときにイライラしたりかんしゃくを起こしたりするのか？」と、**パターンを観察**しましょう。

こだわりのパターンがわかったり、環境を調整したり、やり方を工夫したり、子どもの気持ちをうまく尊重したりすることで、イライラやかんしゃくは、ある程度防ぐことができます。

子どもに発達障害や何らかの特性が見られるとき、すぐにすべてを受け入れることは難しいでしょう。頭ではわかっていても、ついきつく叱ってしまうこともあります。でも、そんな自分を決して責めないでください。

親からすると悩みのタネである子どもの特性も、実は子ども自身があまり気にしていなかったり、子ども同士では気付いていなかったりする場合もよくあります。

そういう場合、「気付いていない本人と、どう付き合うか」も大切な課題です。

小学校の高学年ぐらいになり、思春期の入り口にさしかかると、本人は必ずしも親の言う通りには動かなくなってきます。できれば中学年ぐらいまでのうちに、親子でコミュニケーションをとりながら、親の気持ちと子どもの特性の間で折り合いをつける練習をしていくとよいでしょう。

3

発達障害とは？

発達障害の3つのタイプとグレーゾーン

すでにご存知の方も多いと思いますが、そもそも「発達障害」とは、どういったもののことを言うのでしょうか？　ここで改めて解説したいと思います。

発達障害とは、**生まれつき脳に何らかの機能障害があることで、発達に偏りが見られる障害**です。

得意・不得意の凸凹（でこぼこ）と、その人が過ごす環境や周囲の人とのかかわりのミスマッチから、社会生活に困難な状況が発生します。その症状や困りごとは十人十色です。

外見からはわかりにくいため、周囲から「自分勝手」「わがまま」「困った子」などと捉えられ、「怠（なま）けている」「親の育て方が悪い」などと誤解を受けることも少なくありません。(「育て方が悪い」といった心因論は、現在では医学的に否定されています。)

しかし、凸凹による困難さは、環境を調整し、特性に合った学びの機会を用意することで、軽減されると言われています。お子さんと周囲の人が、その子の個性・能力・希望などを理解した上で、その子に合ったサポートをしていくことが大切です。

発達障害は一人ひとり症状や特性が異なり、様々な特性を併せ持っている人もいます。しかし、大きく分けると、以下の3つのタイプに分類されます。

●自閉症スペクトラム障害(ASD)

自閉症スペクトラム障害(ASD)は、生まれつきある先天的な発達障害の一つで、特徴として、次の2つがあると言われています。

①社会的コミュニケーションの障害

②限定された興味

自閉症スペクトラム障害の子は、対人関係が困難だったり、特定のものに強いこだわりを持っていたり、パターン化された行動を好んだりする特徴があります。

また、幼児期は主に、人と視線を合わせようとせず、周りの子どもに興味を持たなかったり、言葉のキャッチボールが苦手だったり、ものごとの手順が変わると混乱したりする場合があります。

会話の裏側や行間を読むことが苦手で、アイコンタクトの意味や人の表情を読み取ることができず、空気を読まないストレートな表現をしてしまうことがあります。

学童期になると、集団になじめなかったり、ルールがあいまいな場面で臨機応変に対応できなかったり、自分の気持ちをうまく言葉にできなかったりします。

特定の科目だけずば抜けて得意で、いくつかの科目は点数が低いなど、極端なケースが目立つことがあります。

光や音、味や匂い、触り心地などに敏感な感覚過敏や、反対に痛みや五感への刺激に対する反応が鈍い感覚鈍麻のある人も多いです。

先天的な障害で、**しつけや愛情不足などは直接の原因ではありません**。

「自閉症スペクトラム障害」は、もともと「広汎性発達障害」というカテゴリーのもと「自閉症」という診断が位置づけられていました。

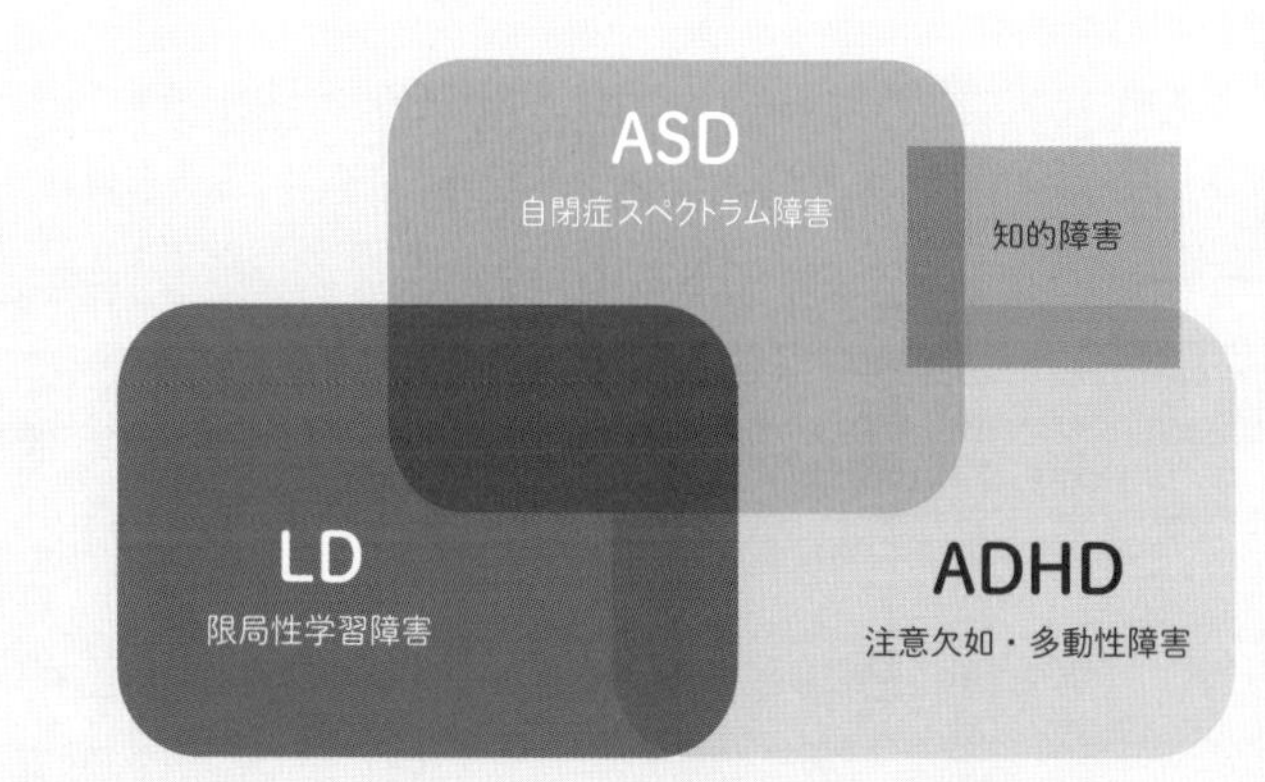

主な発達障害のグループを示す概念図。ICD-10とDSM-5などを元に発達ナビさんの編集部が作成した図をもとに作成。（参照URL）https://h-navi.jp/column/article/35027050

しかし、2013年に刊行されたアメリカ精神医学会の精神疾患の診断・統計マニュアル「DSM-5」では、「自閉スペクトラム症／自閉症スペクトラム障害」という障害名に統合されました。

この障害名には、それまで「自閉性障害」「アスペルガー症候群」などと呼ばれていたいくつかの障害がすべて含まれます。つまりDSM-5では、これらは別々のものではなくスペクトラム（連続した）障害であるという見方を新たに採用しています。

●注意欠如・多動性障害（ADHD）

不注意（集中力がない）、多動性（じっとしていられない）、衝動性（思いつくと行動してしまう）といった症状が見られる障害です。

ただし、それぞれの症状がどのようにあらわれるか、その強弱は人によって異なります。たとえば「不注意」の特徴が強いタイプは、授業に集中しづらかったり、忘れものが多かったりします。他のことが気になるとすぐに注意がそれてしまう反面、自分が好きなことには熱中し、話しかけられてもまったく気付かないことがあります。

「多動性・衝動性」が強くあらわれるタイプは、つねに動いていないと落ち着かず、感情や欲求のコントロールが苦手な傾向があります。

「不注意」と「多動性・衝動性」が、混合してあらわれることもあります。

●限局性学習障害（LD）

全般的な知能の発達には遅れがないものの、読み書きや話す能力、計算などの能力に困難が生じる障害です。識字障害、書字障害、算数障害など、人によって症状のあらわれ方は異なります。

本格的な学習に入る小学生頃までは、判断がしづらく気付かれにくいことが多いでしょう。目安として、平均よりも学習到達度が1〜2学年ほど遅れるのが一般的です。

これらの障害は重なり合うことが多く、そのあらわれ方の強弱も一定ではありません。自閉症スペクトラム障害とＡＤＨＤには知的障害を併存している人もいます。

また、発達時期により診断が異なる場合もあります。

●発達障害のグレーゾーン

いわゆる「発達障害のグレーゾーン」とは、発達障害の特性のいくつかは見られるものの、診断基準は満たさない状態を指す通称で、医学的な診断名ではありません。

発達障害かどうかの診断は、診断基準として定義された症状や行動が、いつごろ、どの程度生じたかでなされるため、一部の基準にはあてはまっても、すべてを満たさない場合があり、**はっきりとは見極めづらい**場合があるのです。

こうしたグレーゾーンの場合、診断基準を満たす場合と比べて困りごとが少ないのではと思われがちですが、理解や支援が得られにくいなど特有の悩みもあります。

ただし、診断がなくても受けられる支援もあります。本書では、そうした支援についても詳しく紹介しています。

4 発達障害と診断されないグレーゾーンの子どもたち

グレーゾーンの子は意外とたくさんいる

発達障害は「スペクトラム」（連続体）です。

つまり症状自体が連続しているので、診断項目にいくつかあてはまっていても、診断基準を満たすまでにはいかない子が多くいるということです。

症状のあらわれ方にも幅があり、その日、そのときの環境や体調などで変わります。そのため、グレーゾーンの子どもの一部は、それらの症状が診断基準にあてはまるほど重い「悪い状態」になることもあれば、あてはまらないほど軽い「よい状態」に落ち着くこともあります。

ただし、発達障害やグレーゾーンと呼ばれる子どもたちの場合、こうした「よい状態」は、症状が治ったわけではなく「目立たなくなっているだけ」と考えられます。

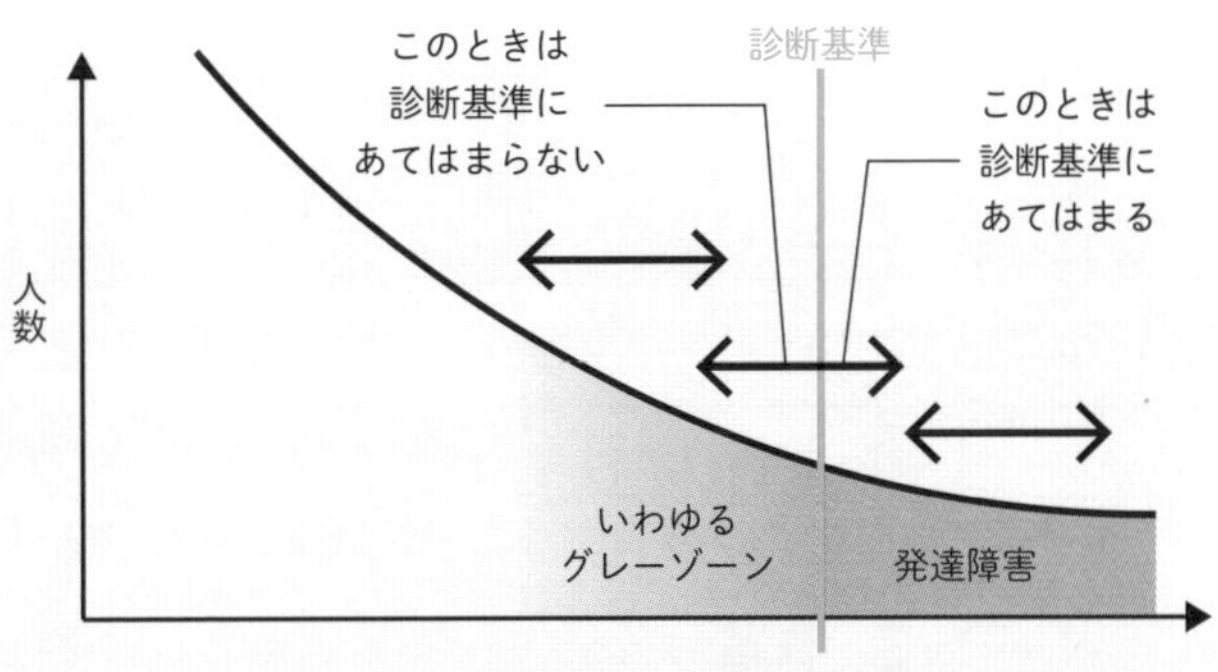

症状には幅があり、↔の変動性も、個人によって異なります。

それゆえ、環境が合わなかったり、環境が変化すると、たびたび症状が悪化してしまうことがあるのです。

このような診断を受けていないグレーゾーンの子はたくさんいます。

グレーゾーンのお子さんを持つおうちの方は、発達障害のお子さんの支援方法を参考にされるとよいかもしれません。状況が少し改善すると思います。

そそこの症状があったとしても、周囲にいる人たちの理解を得て、子どもへの対応を工夫することで、問題と感じられるお子さんの行動も、大きな問題としてではなく、個性のレベルとして捉えられるようになるでしょう。

5

今よりも子育てがラクになるヒント

一人で悩まないで。いろいろなサポートがあります

今回本書では、「障害のない社会を作る」を理念とした株式会社ＬＩＴＡＬＩＣＯ（りたりこ）発達ナビさんの協力のもと、約５００人のおうちの方にアンケートをとりました（※）。

その中には、お子さんに発達障害がある方、発達障害以外の障害がある方、診断はされなかったけれど発達障害の傾向がある方、診断は受けていないけれど子育てに不安がある方など、様々なおうちの方がいます。

立場は多少違っていても、小学校に通うわが子に不安を感じたり、悩んだりしているという点では共通していると思います。

本書では、大人が「困った」と感じる、よくある事例をいくつかとりあげて、考えられる理由と、適切な対応策を紹介しています。

「困った」の背景には、いろいろな理由があり、答えは一つではありません。

本書の中に、「絶対に即効性のある解決策」というものはないかもしれません。

しかし、この本にある〝あの手この手〟を試すうちに、お子さんとの付き合い方がわかり、「困った」が少しずつ減っていくと思います。

それとともに、お子さんも、きっと今までよりも、よりスムーズに学校生活を送ることができるようになるでしょう。

第2章からは、先輩ママたちの体験談を含め、いろいろなサポート例を紹介しています。

※ＬＩＴＡＬＩＣＯ発達ナビ（https://h-navi.jp/）ユーザー向けアンケート「発達が気になる小学生についてのアンケート」（回答数：５３７件、２０１９年5月10日～17日実施）より。

・設問によっては５３７名全員が回答していないもの、複数回答可のものがあります。

・調査結果の構成割合は四捨五入をしているため、合計が１００％にならない場合があります。

お子さんの「困った」理由を親が理解し、いろいろなサポートがあることを知識として頭に入れておくだけでも、今よりもずっと子育てがラクになると思います。
ぜひ参考にしてみてください。

各章末には、アンケート結果に基づいて、テーマごとに数本のコラムを設けています。

こちらにも、似た境遇の人たちの体験談がたくさん詰まっていますので、ぜひ目を通してみてください。

親も子どもも、先生方も、みんな困っています。
みんなの困り感をなくして、今よりもお子さん本人が、小学校生活を楽しく過ごせるようになるヒントを、さっそく見ていきましょう。

第2章

「家庭習慣」の悩み

日課や身の周りのことを一人でできるようにさせるには

学校から帰ってきても宿題をやらないし、片付けが苦手で部屋はぐちゃぐちゃ。忘れものもしょっちゅう。明日の時間割の準備が一人でできない。朝、起こしても、すぐ起きてこない。何かにつけてダラダラと動作が遅い。食事中も注意散漫……。

「ウチも同じ」「あるある」と思われたお母さんも多いかもしれませんね。毎日の家庭生活に必要なこと、自分の身の周りのことを、自分一人でできるようになることは、今後、自立して生きていくためには欠かせません。それができないとなると、親としては心配ですし、毎日イライラさせられますよね。こうしたことを一人でできるようにさせるには、どうしたらよいのでしょうか？第2章では、身辺自立に困難さがあるケースをいくつか集めて、それらを解決するための対策をいくつか紹介しています。たとえば「朝一人で起きられない」という悩みにも、平日の朝は早く起きられないけれど休日は早起きできる子がいれば、不安定になりがちな梅雨時にだけ起きられない子もいたりと、いろいろなケースがあります。ケースごとに原因は異なり、その子に適した起こし方があります。大切なのは、それを見極めて試してみることです。

どういうふうに起こされたら起きられそうか、子どもに確認してみるのもいいでしょう。ごほうびがあると燃える子には、起きるとポイントがもらえるなどの工夫をしてもいいと思います。親子で一緒に「同志感」を持って起きる方法も、モチベーションが高まるかもしれません。

発達障害やグレーゾーンの子は、周りの人に迷惑をかけることは正そうとする傾向がありますので、迷惑をかけてしまうことを自覚させて、責任感を利用して起こすという方法もあります。

このように、対策は一つではありません。一つの対策で状況が改善するとも限りません。一つ試して効果がなかったら、違う対策を試してみましょう。

いろいろと試しながら、お子さんに合った対策を見つけてみてください。

ケース

1

片付けが苦手

「一人で片付け」はやる気が出ない

お子さんは、片付けが得意なほうですか？

服もおもちゃも床に散らばり、足の踏み場がない。
机を見ると文房具が全部出ていて、その上にノートやプリントが山積み……。

これと同じような状況のお子さんも、きっと多いと思います。これでは**必要なものを探そうとしても見つからず、そもそも探す気にもなれません**よね。

ものが少ないうちに片付ければいいものを、みるみるひどくなる部屋を見ると、どこから手を付けていいかもわからず、片付けるのが億劫になる……という悪循環です。

片付けが苦手な理由は、いろいろあります。そもそも片付け方がわからないという場合、やる気が出ない場合、そして注意散漫で他のことに気持ちがそれ、片付けの途中で放り出してしまう場合など……。

片付けの方法をわかりやすく教え、最初は大人が一緒に片付けてあげて、徐々に一人でできる部分を増やし、少しでもできたらたくさんほめるのが一番です。

対策1 片付けの手順をリスト化する

何から手を付ければいいかわからない……というときは、**片付けの手順をリスト化**してあげましょう。

目の前にあるものからランダムに片付けようとすると、本棚に行ったあとに洋服ダンスに行って、また本棚に戻る……などと無駄な動きになりがちです。

たとえば、「おもちゃをおもちゃ箱にしまう」→「本を本棚にしまう」→「服をたたんでタンスに入れる」のように、まずはアイテムごとに分けて、「何をどこにしまうか」を具体的に書きます。最初は大人と一緒に片付けて、慣れてきたらリストを見ながら一人で片付けさせましょう。

おもちゃや服の種類ごとに箱の色を変えたり、中身の写真を箱に貼ったりすると、迷わずスムーズに片付けられるでしょう。

きれいになったら、その状態の部屋を写真に撮って、次回のお片付けのときに確認します。ゴールがイメージしやすく、やる気につながると思います。

対策2 片付けの時間を決める

「片付けなさい」と、どんなに言葉で言っても、子どもは「宿題もあるし、おやつも食べたいし……」などと言い訳をして、なかなか片付けに取り掛からないものです。

そんなときは、一日のスケジュールに片付けの時間を組み込み、紙に書いて、子ど

対策1 point
片付けの手順リストは具体的に。しまうもの別に専用箱を用意する

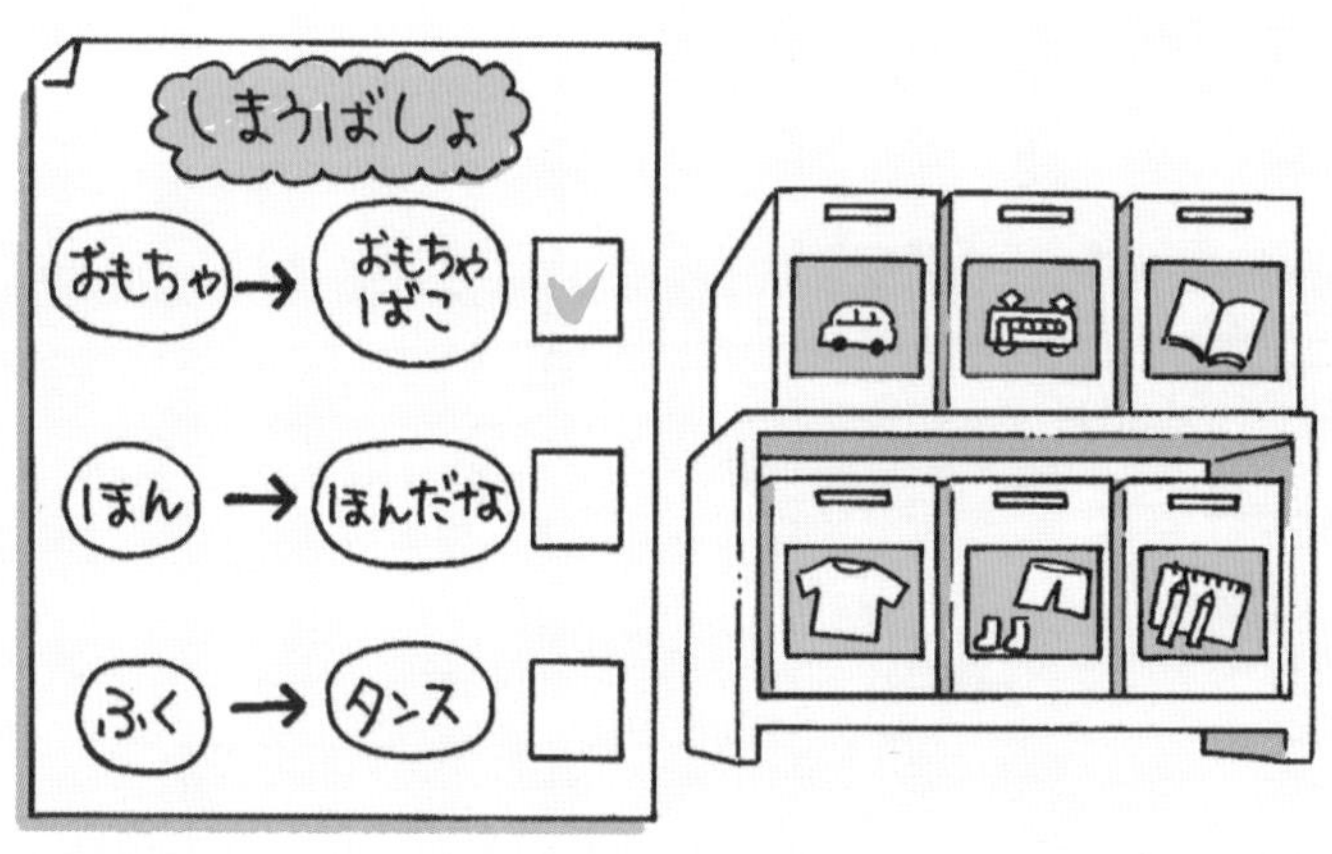

対策2 point
一日のスケジュールに片付け時間を組み込む

もが目にしやすいところに貼りましょう。

「おやつのあとにおかたづけ」など活動のあとに設定すると、ダラダラと過ごしてしまう場合が多いので、「5時からおかたづけ」と具体的に時間を決めます。時計を見る習慣のない子には、数分前から「もうすぐおかたづけの時間だよ」と声をかけましょう。


また、**片付けのあとに、本人が好きなことやうれしいことをさせてあげると、子どももやる気になります。**お風呂で遊ぶのが好きな子だったら、やることリストの「おかたづけ」のあとに「おふろ」を入れて、「終わったら一緒にお風呂で遊ぼう」と誘ってあげるとよいでしょう。

対策3 音楽をかけてゲーム感覚で

ダラダラ片付けて、いつまでたっても散らかったまま……。

こんなパターンが続くときは、子どもの好きな音楽や、テンポの速い曲をかけて、「この曲が終わるまでね！」と伝えましょう。これは園や学校でもよく使う方法です。

曲は毎回同じものを流したほうがいいです。「この曲が鳴ったら片付ける」ことが

対策 3 point 途中でいやにならないよう音楽のリズムに合わせてテンポよく

いそがなきゃー！
この曲が おわるまでに かたづけよう！
すくっ
テンポの速い音楽をかけると、気分がのりやすい♪

習慣化します。

片付けもスモールステップが重要です。最初は、多少片付け方が粗くなっても、時間通りに終わればよしとしてください。

子どもが余裕で時間内に片付けられるようになってきたら、「次はこうしてみようか」と、少しずつ片付け方のハードルを上げましょう。

片付けが終わらず投げ出してしまうのは、片付ける場所が細かく分かれすぎているせいかもしれません。子どもの発達に合わせて、「車のおもちゃは全部ここ」など、大雑把な分け方でもよしとしましょう。

なかなかやる気が出ない子には、「お母

さんが本を片付けるのと、あなたがおもちゃを片付けるの、どっちが早い？」などと言って、ゲーム方式で一緒に片付けるとよいでしょう。

やる気を出すために、「（あとで）おやつをあげるから片付けて」という言い方は、あまりおすすめしません。微妙な違いですが、時系列通りに、お片付けのあとに、うれしいことの順序で提案してあげましょう。さらに、「お片付けをしたら、一緒におやつを食べよう」などと、本人が好きなことを共にする提案にすると、子どものやる気が起きやすいと思います。強いられてやるのではなく、あくまで子どもが自分から片付ける気になることが大切です。

「早くおやつ食べたいね」と誘って、子どもがのってきたら、「じゃあ、早く片付け終わらせちゃおう！」と大人が片付け始めると、子どもも行動に移しやすくなるでしょう。

まとめ

片付ける場所を工夫して〝目で見えるように〟してあげましょう。スモールステップで進めれば、少しずつ子ども一人でも片付けられるようになります。

うちではこうしました！

- 箱単位で収納OKに。ランドセルを入れるダンボール箱には、折り畳み傘や上着など通学時に使うものを一緒に入れています。多少上着がしわくちゃでも、部屋にものが散乱せず行方不明にもならず快適です！（7歳女児）
- 「やりっぱなし」対策としては、2色の箱を用意。使う前は「これから」に、使い終わったら「おわり」に入れるだけにしました。定着までは大変でしたが、ゴミ屋敷ではなくなりました。（7歳男児）
- 小さい頃から「すべてのものには家がある。自分も家に帰るように、ものも家に帰してあげよう」と伝え続けました。すべてのものに所定の位置を作り、字が読めない頃は写真を貼り、字が読めるようになればラベラーで所定の位置に名前を貼りました。今では、名前シールがなくても「使ったら片付ける」がわかるようになりました。（9歳男児）
- 「食べっぱなし」対策として、専用のトレーを用意。トレーにマスキングテープでコップ、皿、フォーク・スプーンなど置き場所を作りました。トレー回収場所もキッチンに作り、食べ終わったら置くようにしました。（7歳男児）

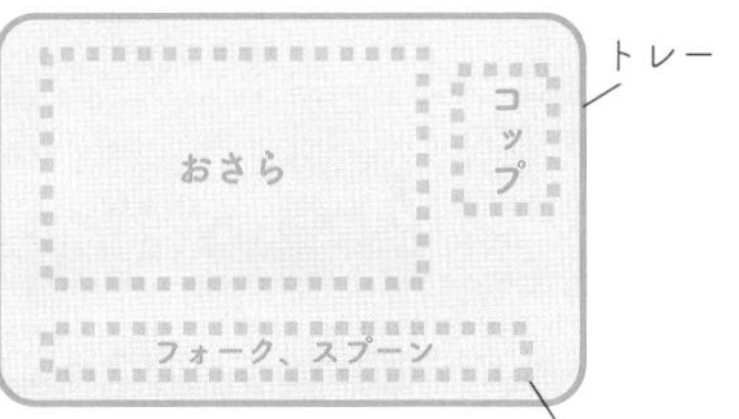

※各事例は、LITALICO発達ナビさんの協力のもと行ったアンケートに寄せられた「〇歳男児」「〇歳女児」の親御さんの投稿をもとにしています。

ケース

2

時間割を見て準備ができず、忘れものが多い

注意力が続かず途中で忘れてしまう

月曜日は上履きと体操服を学校に持って行くのを忘れ、「このプリントのお返事、必ず先生に渡してね」と念押しした手紙は、今日も机の上に置きっぱなし……。

思い当たることはありませんか？

忘れものが多いのは、**他のことに気を取られて持ちもののことを忘れてしまう**ことが主な原因です。持ちものを玄関まで持ってきても、靴を履いているうちに忘れてしまったり、どこかに持ちものを置いて遊べば、そのまま忘れてしまうこともあります。また翌日の準備をしても、探しているうちに別のものを見つけて、気持ちがそちらに行ってしまうこともあります。

単に記憶力が弱いというよりは、注意力に課題があると考えられます。

磁石対応のホワイトボードなら、マグネットを移動するだけなので便利

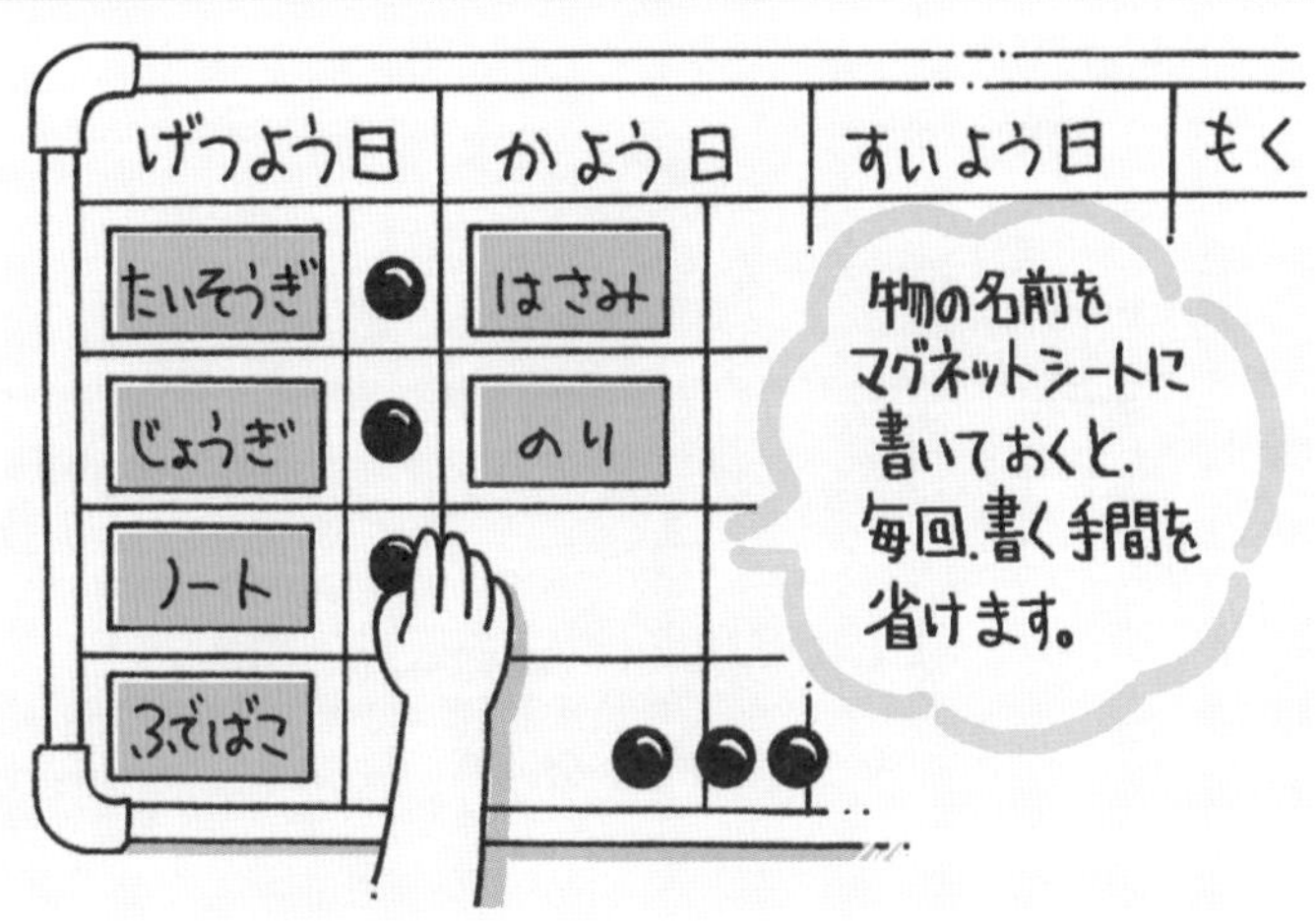

最初は一人で準備させるのではなく、声をかけながら一緒に準備をしましょう。

対策1 曜日ごとの持ちもののリストを作る

時間割に合わせて持ちもののリストを作りましょう。紙やホワイトボードに曜日を書き、その下に、持ちものを書き込む欄とチェック欄を書きます。

最初のうちはリストを見ながら一緒に準備をします。慣れてきたら少しずつ子どもが一人で準備するのを見守りましょう。

うっかりランドセルなどに入れ忘れたものがあっても、「リストを見て確認しようとしている」ことをまずほめてください。

小さな「できた！」が積み重なれば、いずれ自信を持って、一人で準備できるようになります。

対策2 科目別に教科書やノートのセットを作る

一つの教科につき複数の教科書があったり、ノートやドリルもセットで用意しないといけなかったりと、**時間割は子どもにとって準備が複雑**です。

そこで色のついたシールをいくつか用意して、国語は青、算数は赤などと子どもに色を決めてもらいましょう。そして色と科目別に、教科書やノートに貼ります。

こうすれば、色を手がかりにして、その教科で用意すべきものがどれかがひと目でわかり、準備しやすくなるでしょう。

表紙はもちろん、背表紙にも貼っておけば、教科書を立てて収納したときにもわかりやすくなります。

さらに、教科書やノートが入る大きさの透明なファスナー付きファイルに、「1時間目（教科書、ノート、ドリル）」などと書いたシールを貼り、時間割を見ながらその日に使う教科書やノートを用意しましょう。

教科書やノートを科目別に色分け。ファイルケースで1セットにして管理

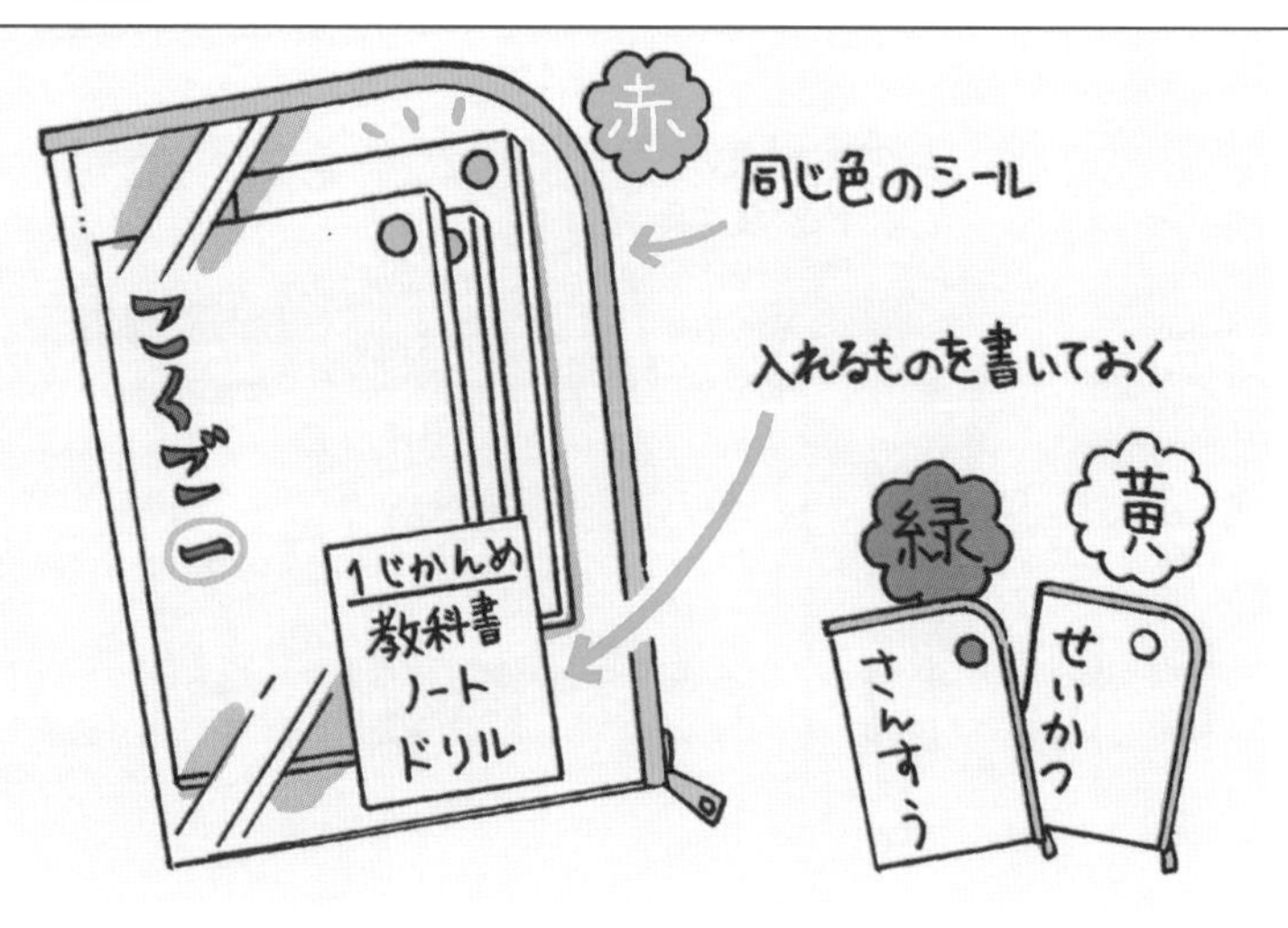

対策3 「明日の準備」は前日に

ただでさえ忙しい朝なのに、登校前に宿題や時間割の準備をすると、やることが多すぎて混乱します。できれば前日に済ませておいてほしいもの。

しかし子どもは食事や遊びを優先して、なかなかその時間を自分では確保できません。学校から帰ってからやることのスケジュールに、宿題とともに「明日の準備」も組み込みましょう。

漠然と「明日の準備」と書いただけでは動けない子もいるので、「時間割を見る」「明日使うものをランドセルに入れる」などと、具体的に一つひとつ行動を書きま

対策3 具体的に一つひとつスケジュールにすべきことを書く

point

す。チェック欄を作っておくと、なおよいでしょう。

子どもに「自分にもできるんだ」と思わせて自信をつけさせることが大切です。

ただし、**一度できたからといって、ずっとできるとは限りません。**

すぐには継続できないものだと思っていれば、親も気持ちがラクになるでしょう。

まとめ

時間割通り準備するのは、意外と複雑な作業。慣れるまでは、大人がサポートしてあげましょう。

うちではこうしました！

- 支度、準備が一人でできません。頭に記憶できないので、支度はやることを一つひとつマグネットに絵で描き、できたものを移動する方法をとっています。マメに声かけをしないと支度から興味がそれてしまいます。（7歳女児）
- 明日の準備を一人でさせると30分もかかり、当初、何に時間がかかっているのかわかりませんでした。手順を全部書き出してみると、ランドセルから明日使わない教科を抜き出し、足りない教科を足していたことが判明。ものを全部ランドセルから出し、明日の1時間目から一つずつランドセルに入れていくようにし、残ったものをしまうようにしたら、5～10分でできるようになりました。（8歳女児）
- 前日に連絡袋、宿題、時間割通りの教科書、ノートや口拭きタオルは準備させて、ランドセル内に収めておくようにしています。親が回答提出する書類も、子どもが宿題をやっているときに、そばで一緒に処理し、忘れないように本人に連絡袋に入れさせています。（6歳男児）
- 準備できたものは連絡帳にマル印をつける、リストを作る、メモを貼る、袋を用意して入れるものを決める、探し方・確認の仕方を教えて練習させています。（8歳男児）
- 絶対忘れてほしくないことは、まず書かせる。次に読ませる。そして準備する。こうするとスムーズに頭に入るようです。作業中に誘惑があると、そちらに気をとられて、今までしていたことはすっかり忘れてしまうようです…。（11歳男児）

ケース

3

家で宿題をやろうとしない

やらなければいけないことは、わかっている

家に帰ってくるなり、遊びに出かけたり、家でゲームをしたりテレビを見たりと、「自分がしたいこと」を優先してしまい、宿題はほったらかし……というお子さんは多いでしょう。

宿題について最も多い悩みが、**取り掛かりに時間がかかる**ことです。親が声かけをしても、子どもはのらりくらりと言いかわし、「あとでやる」「あとでっていつ?」「これが終わったら」「いつ終わるの?」「ん〜、わかんない」「わかんないじゃないでしょ!!」と親子げんかが始まるのも日常茶飯事かもしれません。

いざ机に座って取り掛かっても、わからない問題が出てきた途端にフリーズ。そこで親が教えようとすると不機嫌になり、親も「せっかく教えてあげているのに!」と

イライラしてしまうことも……。

やりたくないことや苦手なことに取り組んだり優先するのは、大人だって難しいものです。

親子のけんかの原因になりがちな「宿題」。学校に行っている限りは逃れられないこの問題を解決するには、どうすればよいのでしょうか？

対策1　宿題に集中できる環境を整える

「勉強は自室かリビング、どちらでやるといい？」という質問がよくありますが、一人ひとりによって適切な場所は違うでしょう。

親に見られると集中できない子は自室のほうがいいでしょうし、逆に親の目がないとダラけてしまう子はリビングのほうがいいかもしれません。

いずれの場合でも、気が散ってしまうものが近くにあると、集中できません。テレビの音が聞こえたり、マンガやおもちゃが目に入る場所にあったりするのは、自室であれリビングであれ、勉強に適した環境とは言えないでしょう。

テレビや本棚に背を向けた場所に机を移動したり、勉強の前にマンガやおもちゃをすべて片付けたりと、まずは環境を整えましょう。

また、**勉強する場所はできるだけいつも同じにしたほうが「この場所に来たら勉強」というスイッチが入り、習慣化につながります**。

できれば、親御さんも近くにいるようにして、子どもが困っていたらすぐ声をかけられるようにしましょう。

「家はリラックスする場所」と決めている場合や、家での環境を整えにくい場合、最初は学校や学童で済ませてこられるよう先生に相談したり、放課後等デイサービスや児童館を活用する方法もあります。そして、少しずつ本人の得意なものから、家庭でのスケジュールに入れていくようにしましょう。

対策1 point 気が散るものは周りに置かない。仕切りの入った机だと集中しやすい

対策2 「帰ったらやることリスト」に宿題を書く

ホワイトボードなどに「帰ってきたらやること」を書き入れます。「手洗い・うがい」「明日の準備」「夕飯」などの項目の中に「宿題」を書き入れ、さらに、「今日の宿題」として、「①漢字ドリル」「②音読」などと、具体的に宿題の内容まで書きましょう。

お子さんが帰ってきたら「今日の宿題は?」と聞いて連絡帳を出させます。**「今日の宿題」の欄は子どもに書かせる**ことで、「やらなければいけない」という気持ちが強くなるでしょう。

対策2 point 子どもに「宿題」の内容を一つひとつ具体的に書かせる

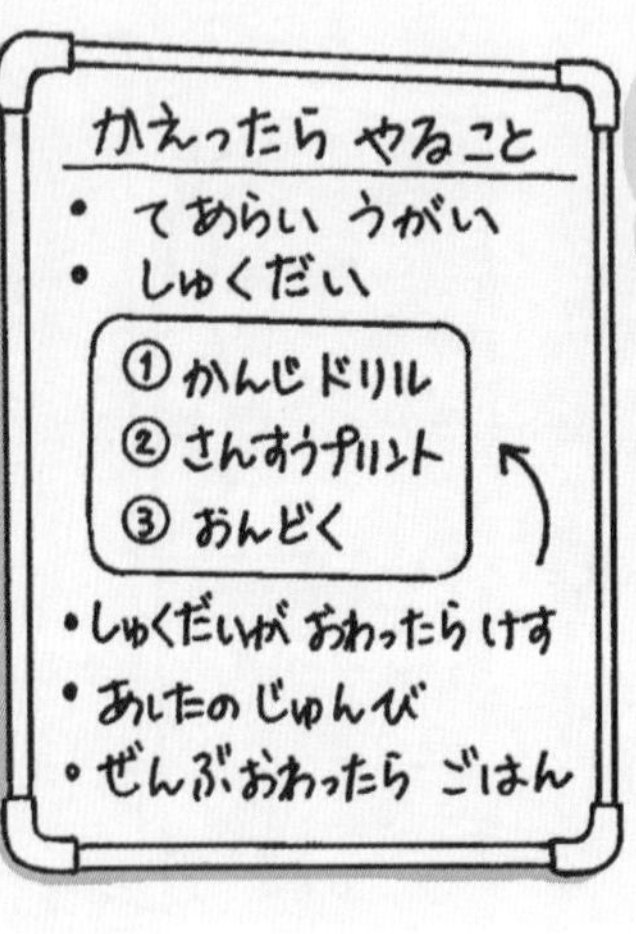

かえったら やること
・てあらい うがい
・しゅくだい
①かんじドリル
②さんすうプリント
③おんどく
・しゅくだいが おわったら けす
・あしたの じゅんび
・ぜんぶおわったら ごはん

小さなホワイトボードに書いて、
子どもが消せるようにしておくと
達成感がUP！

ボードに書き入れたら、やるべき宿題を「宿題ボックス」を作って机の上に出させます。もし帰宅後すぐに遊びに行く約束をしていても、この作業だけは習慣としてやらせましょう。

　宿題をランドセルに入れっぱなしだと、**「見えないもの」は「なかったこと」にしてしまう**ため、宿題を先伸ばしにしがちです。ボードや机の上の宿題がいやでも目に付くことで、「やらなければいけない」という気持ちが何度もあらわれ、最終的に、「しょうがない、やるか」と気持ちを切り替えられるでしょう。

　宿題が終わったら、「今日の宿題」欄を自分で消すことで、すっきりと達成感を得

対策 3 point　量を減らしたり、細切れにしたり。試しながら「できた」を積み重ねていく

飽きないように
時間を決めて
間に休憩を挟んだり、
やることを変えてもいい。
タイマーや
アプリ

ることもできます。

宿題後のごほうびとして、おやつや遊びの時間もボードに書いてあげると、やる気が上がるでしょう。子どもと一緒に計画を作ることが大切です。ごほうびを何にするかも一緒に考えましょう。

対策3　スモールステップで取り組ませる

学校ではよく「学年×10分の宿題を出します」などと言われますが、すべての子どもがその時間内に宿題を済ませられるわけではありません。

宿題に時間がかかると、次から取り組むのがいやになり、悪循環を生みます。勉強

に苦手意識がある子は、毎日の宿題を時間内に消化するのは難しいでしょう。

担任の先生と相談をして、やさしい問題にしてもらったり、量を減らしてもらったりすることも可能かもしれません。

「このプリントが終わるまで机から離れちゃだめ」という縛りは禁物です。やるべきことを細切れにして、「10問終わったら休憩ね」などと提案してみましょう。ラムネ1個など小さなごほうびを用意して、気持ちを切り替えられるようにするのもいいですね。

集中と休憩を繰り返すうち、少しずつ自分のペースができてくるでしょう。

飽きやすい子の場合は、「計算を5問やったら、漢字ドリルを1行」のように、途中でやることを変えるのも手です。

最終的にすべての宿題が終わればいいので、家庭では本人のやりやすい方法でやらせてあげましょう。

宿題をすべてやるのが難しそうなら、本人と相談をして、「これだけは終わらせる」という問題を決めましょう。**取り組む問題に丸印をつける**などして、わかりやすくしてあげてください。

宿題の途中でわからない問題に当たると、そこで止まってしまうタイプの子がいます。真剣に考えていることはまれで、たいていは脱線してボーッとしているので、**「わからない問題はとばす」というルールを教える**といいでしょう。

親が解説をしても納得できない場合は、わからない問題に印をつけておき、先生に説明をしてもらうとよいでしょう。

最初から宿題を完璧にこなすことを目標にすると、親子ともに苦しくなります。先生と相談しながら、お子さんのペースに合わせて量や難易度を見極め、「できた！」という達成感を積み重ねていくことが重要です。

場合によっては、クラスの子どもたちそれぞれの理解度に合わせて、「基礎コース」「練習コース」「応用コース」などの選択式で宿題を出してもらえないか、相談してみるのもいいでしょう。

まとめ

スモールステップで宿題に取り組ませながら、毎日の習慣にさせていきましょう。

うちではこうしました！

- 読み書き計算の苦手さから、極度に宿題をいやがります。先生にお願いして、量を減らしてもらったり、この子にもできるレベルのプリントにしてもらったりと配慮してもらっています。15分×2回くらいに分けてやらせています。（7歳男児）
- 宿題ができない、やらないので、先生とケース会議をして、学校で終わらせてくるようにすることで解決できました。（10歳女児）
- 担任の先生と連携し、簡単なプリントを私が用意し、娘は、それを宿題にしていいと許可をもらいました。国語の文章問題集（問題数が少ないもの）、算数のプリントを毎日必ず1時間〜2時間続けました。丸付けは私で、それに担任の先生がコメントを書いてくださり、子どもの自己肯定感を上げていきました。おかげで今は自分から宿題をやるようになりました。（10歳女児）
- 宿題の途中で、すぐに他のことが気になって手が止まってしまったり、関係のないことを一方的に話し始めてしまいます。対策として、リビングでテレビ番組を消し、音楽は歌詞のないものにしました。子どもが宿題をしている間は、話しかけてこないようにあえて離れて様子を見るようにしています。（8歳男児）
- 集中力がなく、きょうだいがテレビやゲームをつけていると、そちらをボーッと見てしまい宿題などができません。自分の部屋でやらせると見張りがいないので、いつの間に

うちではこうしました！

か寝ています。リビングの一角にタンスで仕切りを作って1畳ぶんくらいの場所に机を置き、耳栓を使って周りが気にならないようにさせて、リビングでも勉強できるようにしています。寝ていると目に付いてすぐにわかるので、声かけもしやすいです。（10歳男児）

- 学校から帰宅後、「まず先に宿題しようね」と声かけしても、なかなか宿題に取り組めず、毎日のように親子げんかをする日々でした。家に帰ってくると、学校での疲れやストレスを発散するように、おうちモードに切り替わる様子でした。放課後等デイサービスを利用するようになってから宿題のストレスから解放されました。放課後デイでは着いたら進んで宿題をやっています。（8歳女児）

- とにかく字が書けない、読めないで、宿題をちゃんとさせようとすると、いつもけんかになりました。小学2年生ぐらいのころには、宿題をさせるのを諦め、家庭内の安定を図りました。結果、相変わらず書くことは苦手ですが、自己肯定感もあり、コミュニケーション能力も心配ない子どもに育ちました。（15歳男児）

ケース

4

やることの優先順位付けや時間配分が苦手

目先の楽しい活動にハマりこんでしまっているのかも

「宿題をしなさい」と言われても、「明日の朝やる!」と言ってゲームに夢中。翌朝は早く起きたものの、宿題も学校の支度もせずテレビを見てダラダラ。登校寸前になってあわてて宿題と支度をするものの、もちろん遅刻……。

帰宅後は、「今日こそは先に宿題を終わらせよう!」と決めていたのに、お友だちから遊びに誘われると、あっさり放棄して遊びに行ってしまい、帰宅後も宿題はせず、トレーディングカードに熱中。

「夕食後、カードを片付ける」と言ったはずが、食後にマンガを読んでしまい、カードは散らかったまま……。

さらに、親から「お風呂に入りなさい」と言われても生返事をするばかりで、とう

♪ ♫ じ
はやく食べて
学校に行く
支度をしなさい！

と最後は怒鳴られる羽目に……。

このようなお子さんは、けっこういるのではないでしょうか。

毎日同じことの繰り返しで、無限ループのように「～しなさいって言ってるでしょ！」と怒る親の気持ちを考えると、本当に大変だと思います。

しかし、やりたくないことよりも、目先の楽しいことを優先して時間を忘れてしまうのは、大人も同じです。

片付け中に古いアルバムを見つけて思い出に浸ったり、夕飯の買いもの帰りに知り合いに会って、ついおしゃべりに夢中になったり……。

子どもも、**わざとサボっているわけではなく、目の前におもしろそうなものがあると反応して夢中になってしまう**のです。そのうちに次々と新しいことが起こり、そのたびに反応して、本当にやらなければいけないことを忘れてしまうのでしょう。

しかも子どもは、つねに「今」を生きているので、大人のように「これを○時までにしておかないと、あとで困るぞ」と見通しを立てて行動することが苦手です。

必ずしなければいけないこと、そのなかで優先するべきことを、大人が協力して一緒に考えてあげましょう。

対策1 「やること表」を作って優先順位をつける

食事、歯みがき、着替え、お手伝い、宿題、お風呂、片付け……と、一日にしなければならないことはたくさんあります。

「毎日のルーティンなんだから、体で覚えているはず」と考えるかもしれませんが、子どもは自分に興味のないものや、やりたくないことは覚えないもの。「毎日同じことを言わせて！」と腹が立つかもしれませんが、子どもはその都度言われないとわからないものだと考えましょう。

対策1 「やるべきこと」と「やりたいこと」を用意する

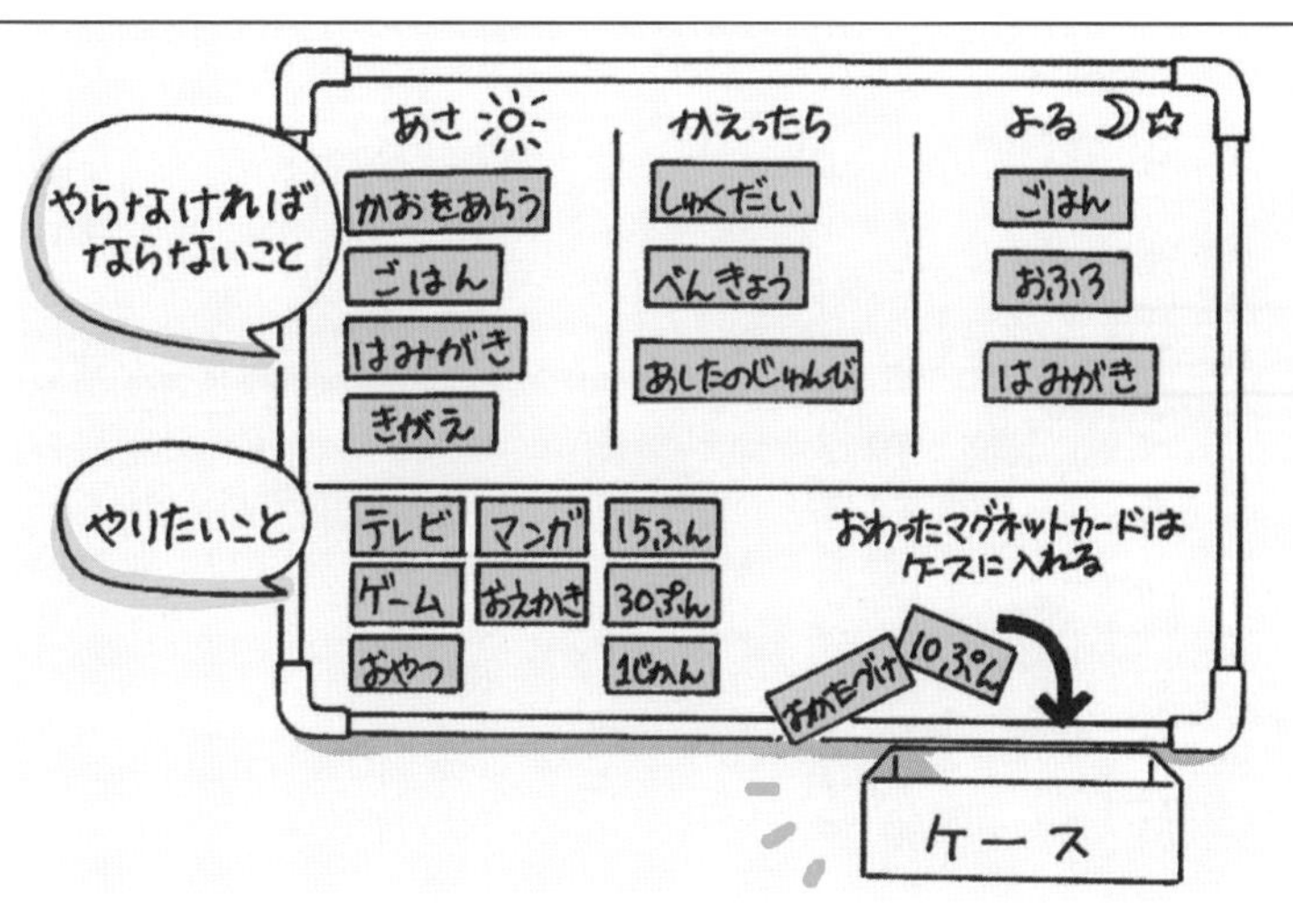

とは言え、毎日同じこと言うのは親も疲れますし、毎日怒られる子どもも不満がたまります。

まずは、一日にやるべきことをフセンやマグネットシートに書き出しましょう。

そして、それらを朝・帰宅後・夜の三つに分けて貼り、それぞれを優先順位が高い順や、親が取り組んでほしい順に並べて、子どもになぜその順番でやってほしいのかを説明します。

「宿題をしないと学校で困るよね」「歯みがきをしないとどうなる?」など、一つひとつ親子で理由を確認しましょう。子どもが納得すれば、実践しやすくなるはずです。

やるべきことが終わったら、カードを裏

返したりケースに入れるようにすると、達成感が得られ、やる気が起こりやすいです。
朝・帰宅後・夜で、色分けすると、よりわかりやすいと思います。

これを子どもが目に付くところに置いておけば、いちいち「次は着替え！」「歯みがきは終わった？」などと言わなくても、「表を見て」とだけ言えば済むので、親はラクです。子どもも、表を見れば「次は何をすればよいのか」がわかるので、迷うことがなくなり、少しずつ自分で気付いて行動できるようになっていくでしょう。

子どもが「やりたい」ことを叶えてあげる

そもそも子どもは、歯みがきや宿題を「やるべきこと」と考えていない場合があります。どちらかというと、これらは親が「やってほしいこと」にあたるでしょう。

その反面、子ども自身にも「絶対毎日やりたいこと」があります。たいていは遊びやゲームだと思います。

これらは親にとっては「やらなくてもいいこと」かもしれませんが、**子どもの気持ちも優先するべき**です。お互いの希望を叶えるために、「やること表」の「やるべきこと」の下に、「やりたいこと」も貼りましょう。

決める前には**必ず親子で話し合い**、本人の納得を得てから進めることが大事です。親が勝手に決めてはいけません。お子さんの年齢が上がって小学校中学年ぐらいになると、言い争いにつながります。

「〝やるべきこと〟をやらないと困るから、そちらを優先しようね。早く終わったら〝やりたいこと〟ができるよ」と伝えましょう。

対策2 時間を意識させる

時間にルーズで、いつも遅刻ギリギリ……というお子さんの場合、取り掛かるのが遅いのかもしれませんし、動作自体が遅いのかもしれません。

その理由に子ども自ら気付くことは難しいので、ここは大人が介入して子どもに自覚させましょう。

取り掛かるのが先延ばしになる場合は、開始時間を決めたり、動作が遅い場合は、一つの動作にどのくらいかかるのかを測って気付かせます。なぜ遅いのかの原因がわかれば、スピードアップができるかもしれません。

方法としては、さきほどの「やること表」を使います。

文字が読めるお子さんの場合は、「やるべきこと」と「やりたいこと」それぞれに**開始時間の目安**を書きます。

そうすることで、「食事に時間をかけすぎると、結果的に出かけるのが遅くなる」「自分は○○に時間がかかるから、早めに手を付けよう」などの見通しもついてくると思います。

するべきことがどのくらいあるのか、いつまでにしなければならないのか、それをするのにどれくらい時間がかかるのかを自覚することが、まず大切です。

最初のうちは活動の数を少なめに、時間は多めに設定し、優先順位通りに一定の時間内に終わらせることができたら、たくさんほめてあげましょう。

ただし、書いた時間を子どもが読めないこともあります。

文字を読めないお子さんにも共通して使えるツールとしては、リマインダーアプリがおすすめ。書く手間を省けますし、行動ごとにアラーム設定をしておくと、予定の時刻が来たら知らせてくれるので便利です。

対策2 時間を決めて見通しを持って行動できるように練習

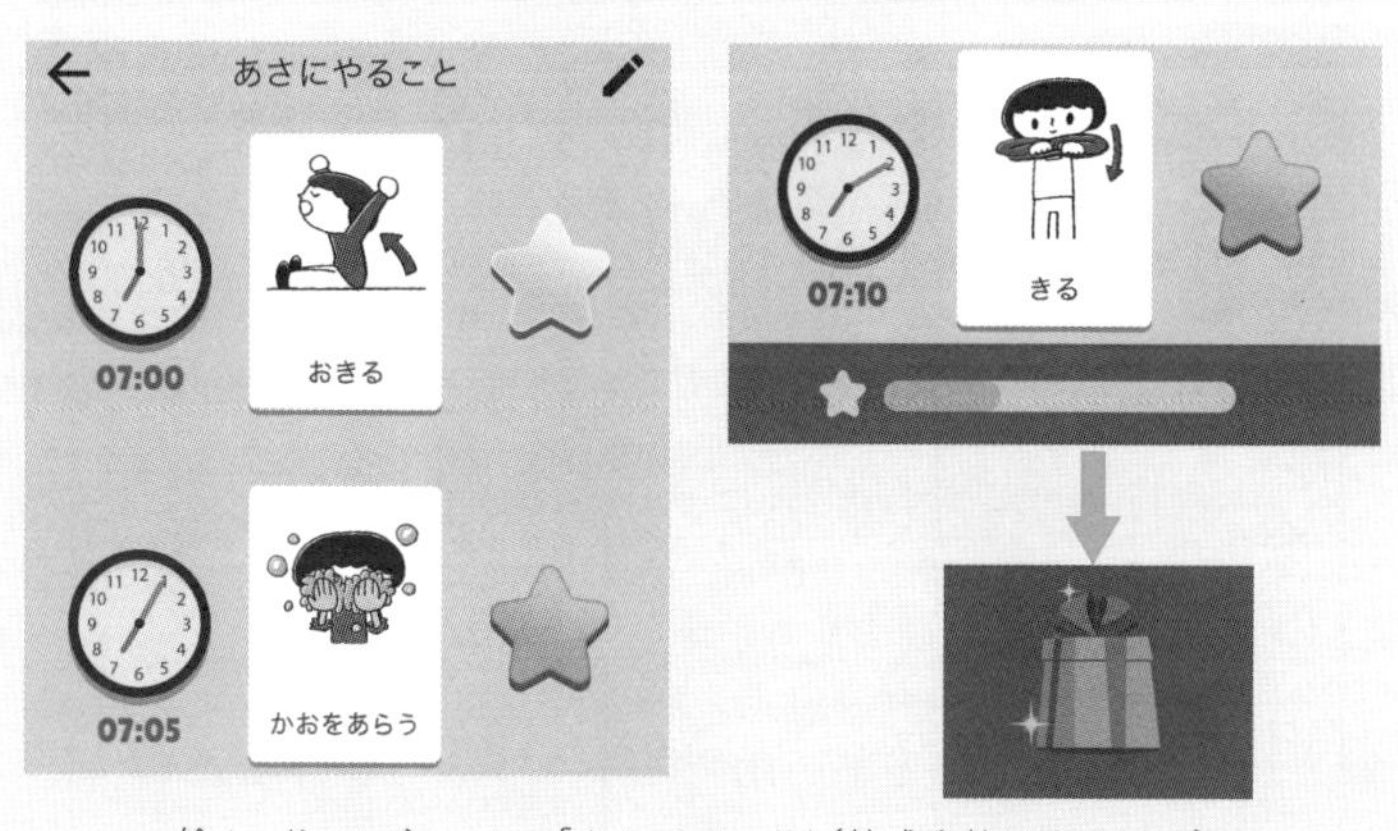

絵カードスケジューラー「やることカード」（株式会社LITALICO）
https://app.litalico.com/kidstodolist/jp.html

たとえば上の写真で紹介しているアプリ「やることカード」は、時間をオリジナルで設定でき、全部やり終えたら最後にごほうびがもらえるようになっています。作業をやったら子ども本人に☆を押させると、モチベーションが起きやすいと思います。

対策3 子どものペースに合った時間配分に

もしも予定通りに進まず、準備に時間がかかっているなら、その**予定が子どものペースに合っていない**ということ。

予定の時間を書いたら、その横に、実際に始めた時間を書き込む欄を作り、子

対策3 point 「理想の時間」と「実際にかかった時間」を比べて調整

よてい		じっさいの時間
7:00	おきる	(7:00)
7:10	きがえる	(7:15)
7:15	ごはんをたべる	(7:25)
7:50	でかけるじゅんびする	(7:55)
8:00	いえをでる	(8:10)

新しいよてい	
6:50	おきる
7:05	きがえる
7:15	ごはんをたべる
7:45	でかけるじゅんびをする
8:00	いえをでる

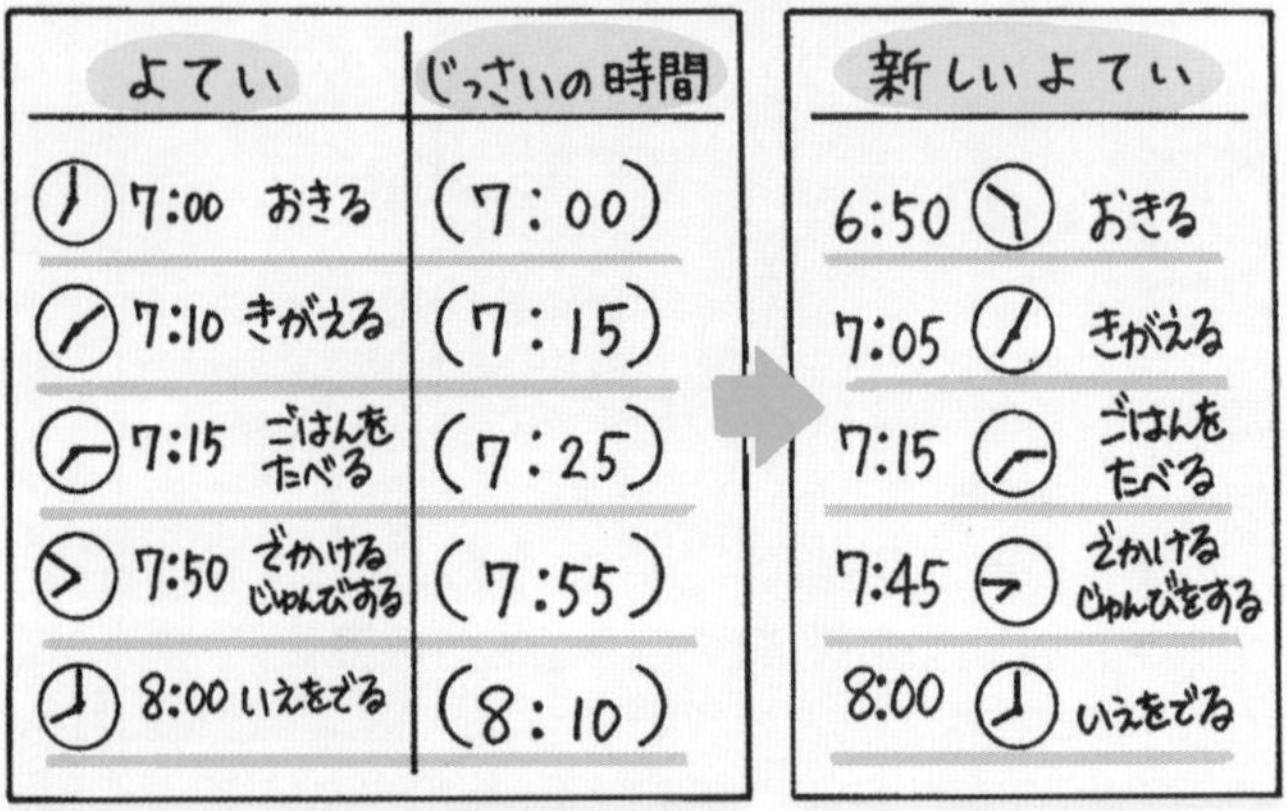

どもの行動を見ながら時間を書き足しましょう。

そして、「着替えに20分かかっているよね」などと、子どもが何に時間がかかりやすいのかを理解させます。

そのうえで、「着替えは10分以内でやる」「起きる時間を10分早くする」など、子どもと相談して決めましょう。無理のないスケジュールを立て直してみます。

予定と実際にかかる時間のギャップを視覚化することで、子どもも自覚を持って行動できるようになるでしょう。

今後、**社会に出てからも、「先を見越して行動する」「目標の時間から逆算して予定を立てる」ことは大切**です。幼いころか

うちではこうしました！

- 先読みして行動することが難しく、朝の準備が終わったらテレビが見られると約束しても、やるべきことが頭の中で組み上がりません。準備を促しても、「あとで」と言ってやらないので、ホワイトボードにやることを書き、できたものから「できたよマグネット」を貼る方式にしたら、口うるさく言う回数が減りました。（6歳男児）
- 朝の用意が遅く、学校に行くのが遅刻ギリギリになることが多くありました。口で言っても反発ばかりで言うことを聞かないので、朝の準備項目と、何時に何をするかと、出発する時間を自分で考えさせて紙に書かせ、見える所に貼っておくようにしました。自分で把握できるようにしたことで、「今何時？」と声をかけるだけで、時計と貼り紙を見て動けるようになりました。（8歳女児）

ら身に付けておきましょう。

まとめ

やるべきことを優先しながら時間を意識して毎日行動するにつれて、計画的に動く力が身に付いていきます。

ケース

5

食事に集中できない

味や色、食感、におい…何か苦手なものがあるのかも

もともと食事にあまり興味がない子は、他のことに気をとられると、なかなか食卓に着かなかったり、座っても遊びながらダラダラ食べてしまったりします。

また、箸や食器をうまく使えず、食事に集中できない可能性もあります。

まずは、なぜ食べるのに時間がかかるのか、**子どもなりの原因を探してみましょう。**

盛り付けを工夫したり、食べやすい食器を用意することで、改善するかもしれません。

食事に集中できない子どもの中には、偏食の子も多いです。

せっかく作ったものを「いや」と言われると、親としてはつらいでしょう。

しかし、そこで「この子は○○が食べられないんだ」と決めつけるのは早いかもしれません。

味、色、食感、においなど、様々な苦手な原因が考えられます。苦手だと思っている食材でも、調理法や味付けを変えると食べられる場合もあります。

また、「前に緑のものを食べておいしくなかったから、これも絶対においしくないはず」と思い込み、「緑のものは絶対に食べない！」と決めつけていることもあります。

家では多少の好き嫌いも見過ごせますが、学校の給食で苦手なものが多いと、食べられるものが限定されて困ります。

本人の栄養面においても大切なことなので、家庭でも少しずつ工夫をして、食べられるものを少しでも増やしてあげられるといいですね。

対策1　食事に集中できるよう環境を整える

食事に集中できないのは、椅子とテーブルの高さが子どもに合っていないのかもしれません。足がきちんと床についていないと、姿勢がくずれ、食器を手で支えるのも難しくなります。子ども用の椅子を使ったり、高さを調整したりしましょう。

また、食べるのに時間がかかっている理由に、食事以外のものにお子さんの興味や関心が向いていることも考えられます。**テレビを見ながらのダラダラ食べ**は、視線がテレビに釘付けになって、手元を見ておらず食べこぼしも多くなります。

テレビを消したり、本やスマホなどを食卓の上から片付けるなど、お子さんの注意を引くものをなるべく周りから取り除いて、食事に集中できるようにしましょう。

対策2　食べやすい食器を使う

低学年のうちは、手先の不器用さから食器が動いて気がそれてしまうというのも、

対策1 point
机は胸より低い位置に、足の裏は床や踏み台についているのがベスト

対策2 point
子どもが使いやすいのは、動きにくく、こぼしにくい食器

※【対策1の補足】ダイニングテーブル＆椅子ではなく、ローテーブル＆床座の場合は、座椅子を使って姿勢が崩れるのを防ぐとよいでしょう。

食事に集中できない理由の一つです。

学校では難しいですが、家庭ではスプーンですくっても動きにくい食器や、ふちが高くて内側に〝返し〟がついたこぼしにくい食器を使ってみるなど、子どもが使いやすい食器を使うと、食事に集中してくれることがあります。**滑りにくいゴム製のランチョンマットを敷いてみるのもいい**ですね。

また、子どもの口より大きいスプーンは、一口の量が多すぎて食べにくくなります。小さめのスプーンを用意しましょう。

箸をうまく使えないお子さんも多いと思います。箸を使いこなすには、親指、人差し指、中指の3本でコントロールする力が必要です。鉛筆でいろいろな線を書いたり、貯金箱にお金を入れたりする動作で、3本の指を使う練習をするといいでしょう。

食事中、箸使いや食べ方のマナーをいちいち注意していると、子どもはもちろん親も、食事の時間が「楽しくない」と感じてしまいます。

ある7歳の女の子のお母さんは、お皿を直接舐める、箸やフォークを使わずに手づかみで食べるなどは、「これは外ではやらない約束だよ」と決めて、家の中ではある

対策3 手伝わせながら、食材に興味を持たせる

程度ＯＫにしたそうです。そうしたことで、食事中のストレスが減り、食事の時間が楽しいものに変わったとのこと。

スモールステップで、小さなことからできるようにしてあげると、子どもも自信がつきます。

対策3 味付けを変える。一緒に料理をする

好き嫌いや、苦手な味付けのせいで、食事に集中できないかもしれません。

もしお子さんがカレー味が好きなら、カレー味の炒めものに少しだけ苦手な食材を入れてみましょう。ひと口でも食べられたら、「食べられたね！」と声をかけます。

これを繰り返していくうちに、本人の苦手意識が少しずつ薄らいでいくと思います。「入ってないよ」と言って食べさせて、入っていることがわかってしまうと、「だまされた！」という経験が増え、「この料理にも苦手な食材が入っているかも……」と疑心暗鬼になってしまうかもしれません。

本人には、ごまかさずきちんと伝えましょう。そのうえで、**子ども自ら「食べてみよう」と思えることが大切**です。

食わず嫌いの場合、その料理が何から作られているのかわからなくて不安なのかもしれません。料理をするときに冷蔵庫から食材を出してもらったり、野菜の皮をむいてもらったりして料理に参加することで、料理や食材への不安を減らし、興味を深めることができます。親子で一緒に料理するのも楽しいですよ。

あるいは、いつもと同じ皿ではなく、弁当箱などに料理を詰めると、目先が変わって食事に集中できることもあります。弁当箱やワンプレートなら、どれくらい食べればいいのかがひと目でわかるので、最後まで食べようとしてくれるかもしれません。

どうしても食事に集中できない場合は、**小皿に少しずつ食事を盛り付けてコース料理風に**してみる方法もあります。

苦手なもの→好きなもの→苦手なもの……の順番に料理を出すと、苦手なものでもがんばって食べてくれることがあります。

短い時間でも集中して食べられたら、たっぷりほめてあげてください。

まとめ

子どもが食べられない原因はいろいろ。苦手な理由を見極めて、食事の時間を楽しいものにしてあげてください。

うちではこうしました！

- 食事中に立ち歩き、こぼすことも多いので、テレビなど気になるものを消したり、終わった皿はすぐ下げるようにしています。（7歳女児）
- 食が細いので、量ではなく体調に注目して、元気ならOK！と捉えるように。1回の量ではなく、1日や3日、1週間などの期間で、どのくらい食べられたかを見るようにしました。また、箸使いや食べ方のマナーについては、いちいち注意していると、子どもも親も食事の時間がいやになるので、「これは外ではやらない約束」と決めて、たとえば、お皿を直接舐める、箸やフォークを使わずに手づかみで食べるなどを、家ではある程度OKにしました。（7歳女児）
- 給食をほとんど食べません。朝から給食の時間が不安で、授業がままならない状況でした。学校の先生と相談して、おにぎりを毎日持たせるようにしたところ、子どもも安心して授業に参加できるようになりました。（11歳男児）
- 偏食があり、幼稚園の給食ではいつも食べるのが遅かったのですが、先生が「一口でも食べたら、あとは残しても大丈夫」としてくれたこともあって、いろいろなものがだんだん食べられるようになりました。（6歳女児）
- 調理法によっては食べないという変わった偏食があり、発達障害のことを理解してない人からすると、「わがまま」と見られてしまいます。そこで給食は、毎朝、献立を見て、減らして食べるものを確認したり、お弁当のときは入っている食材を確認させてから入れるようにしています。（6歳女児）

column 1

ペアレントトレーニング

ペアレントトレーニングとは

ペアレントトレーニングとは、発達障害をはじめとする行動上の困難を持つ子どもの親を対象に開発されたプログラムです。

当初は、「親は子どもの最良の治療者である」という考え方をもと、支援機関で取り組んでいる子どもへの療育を家庭でも行うことで、療育の効果をアップさせたり、維持させたりすることが目的とされていました。発声や模倣などの課題を、療育機関と並行し家庭でも行うことで、子どもが療育に従事する時間を増やすことができます。

現在では知的障害や自閉症の他にも、ADHD、不登校や非行を繰り返す子ども、虐待を受けた子ども、里子や養子などに対応したプログラムが開発されるなど広がりを見せています。

ペアレントトレーニングを行う団体は複数あり、団体によって対象となる子どもやプログラム内容も様々です。事前に問い合わせてから参加されるとよいでしょう。

このたびLITALICO発達ナビさんの協力のもと、アンケートをとりました（※）。

Q.「ペアレントトレーニング」を受けていますか？　もしくは受けていましたか？

はい…27％／いいえ…73％

はい

いいえ

Q.受講のきっかけは？

子どもの特性についていけず、対応に困っていたという意見が大半。療育施設や医師からのすすめで受講した方も多数。

※ LITALICO 発達ナビ（https://h-navi.jp/）ユーザー向けアンケート「発達が気になる小学生についてのアンケート」（回答数 :537 件、2019 年 5 月 10 日 ~17 日実施）より。

ペアレントトレーニングのメリット

Q．受講して、よかったところは？

効果的な声かけの仕方がわかり、子どものかんしゃくが劇的に減りました。親の接し方でこんなにも変わるのかと驚きました。夫と療育の共通認識を持つことができるので、夫婦での参加が特におすすめです。（6歳男児）

同じような子を持つ方の話が聞けて、ウチだけではないと思えたことで気持ちがラクになりました。（6歳男児）

親の自己肯定感が上がり、子どもにも肯定的な言葉をかけてあげられるようになりました。（10歳男児）

いろんな障害を持つ子の保護者さんと一緒に受けたことで、いろいろな悩みを分かち合え、自分も泣いてばかりでなく、がんばらないと！と思えました。みなさんにおすすめしたいです。（8歳男児）

受けないのと受けるのでは全然違います。子どもとうまく付き合うためのちょっとしたコツをたくさん教えていただきました。私が穏やかになったぶん子どもも安定して穏やかに過ごす日が増えた気がします。（8歳男児）

障害について理解することで、こちらが感情的になることが減ったと思います。しかし、理解したと思っていても感情的になることもあり、何も知らなかったら本当にお互いひどいことになっていたと思います。（7歳男児）

第3章

「日常生活」の悩み

親からすると深刻な悩みも、子どもは問題だと思っていない？

電車の中で大騒ぎする小学校高学年ぐらいの子どもに、キーッと感情的になって、「恥ずかしいでしょ！」と怒鳴りつけているお母さん……。

なにも怒りたくて怒っているわけではないのですよね。

「テンションが上がると、場所をかまわず大騒ぎする」
「間違いを正されると、すぐにふてくされたり、怒ったりする」
「家でゲームばかり。将来〝ネトゲ廃人〟になったらどうしよう」
「おこづかいをあげても、あるだけ使ってしまうので、その都度、怒っている」……。

こうした親からすると深刻な悩みも、実は子ども自身には、困った問題という認識がなかったり、他人に迷惑をかけていないと思っていることもあります。

子どもの行動を改めさせるには、どうすればよいのでしょうか？

第3章では、第2章で扱った基本的な生活習慣以外の、家庭における「困った」事例を集めました。そして、それらを解決するための対策を、いくつかの理由ごとに紹介しています。

こうした悩みは、同じように悩んだり困ったりされている親御さんの話を聞いてみると、解決が早いかもしれません。

まるっきり同じ境遇の人を見つけることは難しいですが、似たような境遇の人の体験談を聞くことで、「悩んでいるのは自分だけじゃない」と、孤立感から解放されて、少し気持ちがラクになるかと思います。

メンターカフェ（※）やLITALICO発達ナビ（https://h-navi.jp/）など、発達障害やグレーゾーンのご家族が集まる場所も、全国各地にありますので、近場を探して訪れてみるとよいかもしれません。

※メンターカフェとは、発達が気になるお子さんを育てた経験を持つ先輩お母さん（ペアレントメンター）が、その養育経験を生かして、相談者の今困っている話を聞いたり、相談者に適したきめ細かい情報提供などを行う場所のこと。お茶を飲んだりお菓子をつまみながら気軽に話ができるので、初めてでも参加がしやすい。

ケース

1

何度注意しても言うことを聞かない

注意だけでは、どうしてよいか理解できないのかも？

お菓子などを食べたら、ゴミを散らかしっぱなし。脱いだ服もそのまま。ランドセルは何度言ってもリビングに投げ出す……。

毎日がこんなことの繰り返しで、**何度注意しても改善が見られないと、親としてはガッカリ**ですよね。

毎日ガミガミ同じことを言うのに疲れたり、諦めたりして、「私がやったほうが早いわ」と、ついやってあげてしまうことも、一度や二度ではないはず……。

そこで子どもが「しまった！　ママにやらせちゃった」と気付いてくれればいいのですが、たいていは平気で遊んでいるので、こちらはまたイライラしてしまいます。

こうした負のスパイラルを断ち切るにはどうすればよいのでしょうか？

キャッキャッ
聞こえていないのかしら？
ひょっとして理解できていない…？
それとも、やりたくないから無反応なの!?
イライラ

実は、声かけの仕方をちょっと見直すだけでも、子どもが指示を理解しやすくなり、よい行動を行いやすくなります。

そもそも子どもに声かけや指示がうまく伝わらないのは、「聞いていない」「声かけの意味を理解していない」「理解はしているけれど興味がなかったり、やりたくない」のいずれかです。

伝わらない理由によって、違った対応が考えられますので、さっそく見ていきましょう。

対策1 子どもの注意を引く

声かけを聞いていない場合は、テレビを

見ていたり、ゲームをしているなど何かに夢中になっていることが多いと思います。

そういうときは、声をかけるタイミングをはかりましょう。何かに夢中になっているときや、パニックの最中は声が届きにくいです。

「今からお話しします」「○○ちゃん」と言ったり、子どもの肩を叩いて、注意を引いてから話すとよいでしょう。注意を引きつけて、手を止めさせてから伝えます。

そのとき、目を引くようなものを用意すると効果的です。指示につながるものを渡したり、絵カードや文字などの視覚的な手がかりを使うとよいでしょう。

顔を見ずに遠くから言うだけでは真剣度が伝わらないので、**子どもの目を見ながら、感情的にならず、淡々と簡潔に指示**をしましょう。

対策2 短い言葉で具体的に伝える

「手にバイキンがついたままあちこち触ると汚いから、帰ってきたらすぐに手を洗いなさいっていつも言ってるでしょ！　そんなんじゃおやつ食べられないわよ！　いつも泥だらけで帰ってきて……」

子どもに注意をするとき、このように長文になっていませんか？

対策1 point 子どもと視線を合わせてから伝える。視覚的手がかりがあると伝わりやすい

対策2 point だれが聞いてもわかりやすい言葉で指示をする

言いたいことが次から次へと浮かぶのはよくわかりますが、子どもからすると、ダラダラした長い説明は頭に入りません。

注意をしても、「何か言ってるなぁ」と流されてしまったり、キョトンとして何を言われたのかよくわかっていない反応が返ってくることもあるでしょう。

声かけが長すぎたり、抽象的だったり、内容があいまいで本人が理解できていないのかもしれません。

注意をするときは、言いたいことはぐっと抑えて、具体的な言葉を使って短くズバッと言うようにしてみましょう。

「手を洗って、おやつを食べよう」

これだけで、十分です。

「**ちゃんと**体をふきなさい！」「**そんな**食べ方しちゃだめ」「**きれいに**片付けて」などのセリフも、子どもからすると抽象的で、何をどうすればよいのかわかりません。

何を、どのように、どこまでやってほしいのか、本人に具体的なイメージが浮かぶように伝えることが大切です。

「しずくがなくなるまで体をふこうね」
「お箸は2本とも右手に持って」
「床に出ているおもちゃを箱にしまって」

など、だれが聞いてもわかりやすい声かけをすれば、子どもも何をすべきかのイメージがしやすくなるでしょう。

さらに「前もって伝える」「短い指示を一つずつ伝える」「子どもの理解に合わせて写真や絵などを使う」などの方法もあわせて取り入れると、より効果的です。

それでも効果が見られないときは、子どもが声かけを理解していても、興味がなかったり、やりたくないときです。理由を聞いて、その子に合わせた対応を、別途、考えましょう。

対策3 スモールステップで「できる」ことを増やす

声かけの内容をわかっていても、子どもがやりたがらないときは、「なぜやりたくないのか」を子どもと話し合ってみることをおすすめします。大人の意図と子どもの気持ちが折り合う点を見つけて、環境を変えるなどの対策をしましょう。

指示に従ったあとで「ごほうび」がもらえるようにするのも、動機付け対策の一つです。たとえば、静かに電車に乗れたら、駅でスタンプが押せるなど、やって当たり前ではなく、やったらいいことがあるようにすると、子どものやる気につながります。

また、課題レベル（作業の量や難易度）を子どもが「できる」と思えるレベルに下げてみるのもよいと思います。

たとえば箸がうまく使えなかったりすると、「手づかみ食べはやめなさい」と注意されても、つい手で食べものを持ってしまうなど、指示を理解していても従えません。

この場合、**要求されているレベルがお子さんには高すぎる**のかもしれません。

お子さんと話し合い、どのレベルだったらできそうかを確認し、目標を低めに設定し直すとよいでしょう。

成功体験を積み重ねることで、子どもも自信がつく

子どもによっては、失敗がいやで活動に取り組めない場合があります。そんなとき

対策3 point 同じ活動やものでも、自分で選ばせると、さらにやる気が出る

は、こまめに確認を行うなど、必ず成功できるように手助けをしてあげましょう。

他には、課題を工夫して、子どもの興味をひきつける方法もあります。お子さんの興味・関心をヒントに考えてみるとよいでしょう。

いくつかの選択肢を用意し、子ども自身に好きな活動やものを選んでもらう方法も、興味ややる気を高める工夫の一つです。

声かけの仕方、声かけの内容、声かけに従ったあとの対応を工夫してみても、指示通りにすべてを完璧に守らせることは、お子さんの発達レベルによって難しい場合もあります。

そんなときこそ、スモールステップで、小さなことから「できる」ことを増やしてあげてください。

成功体験を積み重ねることで、子どもも自信がつきます。

失敗したり、うまくいかなかったりした場合は、子どもを責めずにフォローをしながら、最後まで一緒にやり遂げましょう。

まとめ

声かけをする前に一呼吸。親は「伝え上手」になりましょう。

うちではこうしました！

- 不注意傾向が強い息子。今やっている作業の途中で、他のことに気が移ってしまい、作業が大雑把で雑になりがち。そういう子に、「戸を全部閉めて、終わったらここにある食器を片付けて。あと、『ごはんだよ』ってパパを呼んでくれる？」のような複数の指示を与えると、たちまち混乱してしまいます。最後の「パパを呼ぶ」だけが記憶に残って、他の作業を忘れたり、戸を閉めている最中に食器を片付けることを思い出して、作業が中途半端になることも……。そこで、指示は一つに絞り、その作業がきちんとできているかを確認してから、次の指示を出すようにしています。一つの作業をていねいに終わらせる癖を付けさせています。（7歳男児）

- 授業中、先生が注意しても、ふざけることをやめなかったり、決められた課題をやらないことがあります。担任の先生と密に連絡を取り合い、家庭でもすぐにその話をして、「次回からはなるべく気をつけようね」と話をしています。ですが、やめたくても一度スイッチが入ると、本人もやめられないことが多いうえ、話してもすぐに約束した内容を忘れてしまうことがほとんどなので、実際はいたちごっこです。（10歳男児）

ケース

2

失敗や間違いを極度にいやがる

失敗への過度な不安やこだわりが背景にあるのかも

だれにでも失敗はあるもの。

しかし、そういうふうに捉えられず、過度に失敗や間違いをいやがる子がいます。

親が宿題のマル付けをしているとき、「ここ間違ってるよ。この問題はね……」とやさしく教えようとしたのに、「いいんだよ!」と怒って聞かないAくん。

さらに追及すると、宿題を投げ捨てたり、プリントを破ったりします。

体育のリレーで1番になれなかったり、長縄跳びで目標の回数に届かなかったりしたときに、かんしゃくを起こすBさん。

授業中に一人だけ違う教科書を出してしまい、お友だちに指摘されたCちゃんは、「うるさい！」とキレて、教室を出ていってしまいました。

トランプやボードゲームで、負けがわかった途端にトランプやコマを投げ捨て、「俺、やめた！」と言ったり、わざとトランプをぐちゃぐちゃにしたりするDくん。みんなからは「もうあいつとはゲームをやらない！」と言われてしまいました。

「もう二度とやらない！」とお子さんが頑固に決めてしまうと、「自信をなくして、他のこともやらなくなってしまうかも」と親は心配になりますよね。

これらの背景として、失敗に対する高い不安や正解に対するこだわりがあることも多いです。

かんしゃくを起こしたり、すねたりすること自体は悪いことではないと伝え、くやしかったときの気持ちの落ち着かせ方や、表現の仕方を教えるとよいでしょう。

対策1 環境を工夫して失敗を減らす

失敗の経験が多いと、自信をなくして、次にトライする気持ちが失せてしまいます。家庭では、できるだけお子さんが成功できる機会を作りましょう。

たとえば、漢字の練習でいつも文字が枠からはみ出てしまうなら、先生に相談して、みんなが使っているものよりも**マスの大きいノート**を用意するのもいいでしょう。道具を使うのが苦手な場合は、乳幼児やお年寄りにも使えるような補助道具を試してみるのもおすすめです。

宿題やテストで×をつけられるのをいやがる子なら、たとえば×はつけず、フセンを貼ります。もう一度トライして正解したら、フセンをはずして青ペンで丸をし、

対策1 失敗をいやがる子には、間違いに×はつけずフセンを貼る

「100点」と書けば満足するかもしれません。

できれば先生にも、クラス全体の採点方法を見直してもらえるといいですね。

本人が上手にできたときには、ささいなことでも存分にほめてあげましょう。

対策2 失敗への恐怖心を和らげる

「満点をとりたい」「勝ちたい」などの考えにこだわりすぎると、それ以外の結果を受け入れられなくなります。

「まぁいいか」という考えの切り替えができず、パニックになるのでしょう。

「間違うことや負けることもある」と知る

ためには、主人公が失敗を乗り越える絵本やマンガ、映画などを見せてあげましょう。親の実体験を話してあげるのもいいと思います。「負けることもある」「次がんばろう」「まぁいいや」と徐々に思えてくるでしょう。

あるいは、偶発的に運だけで勝ち負けが決まって、短時間で終わるようなカードゲーム（トランプを裏返したときハートが出たら「勝ち」など）を何度も繰り返し体験させることで、負けることへの恐怖心や不安を和らげることもできます。

勝ったらお菓子がもらえるなどの「ごほうび」を用意すると、子どももやる気になります。

ゲームをしながら、「負けたときは『バカ！』と怒るんじゃなく、『くやしい！』と言おうね」など、**集団での適切なふるまい方**を教えます。親は自分が負けたときに、「くやしい！　今度は勝つぞ！」などと言って、見本を見せるといいでしょう。

対策3　失敗時の気持ちの切り替え方を教える

くやしい気持ちをかんしゃく以外の方法で発散する方法を、子どもと一緒に考えておくとよいでしょう。状況に合わせて、「深呼吸をする」「体を動かす」など、いくつ

対策 2　運で勝敗が決まる遊びをしながら、勝ち負けの経験に慣れさせる

point

対策 3　イライラの度合いに合わせて、発散方法を子どもと相談し決めておく

point

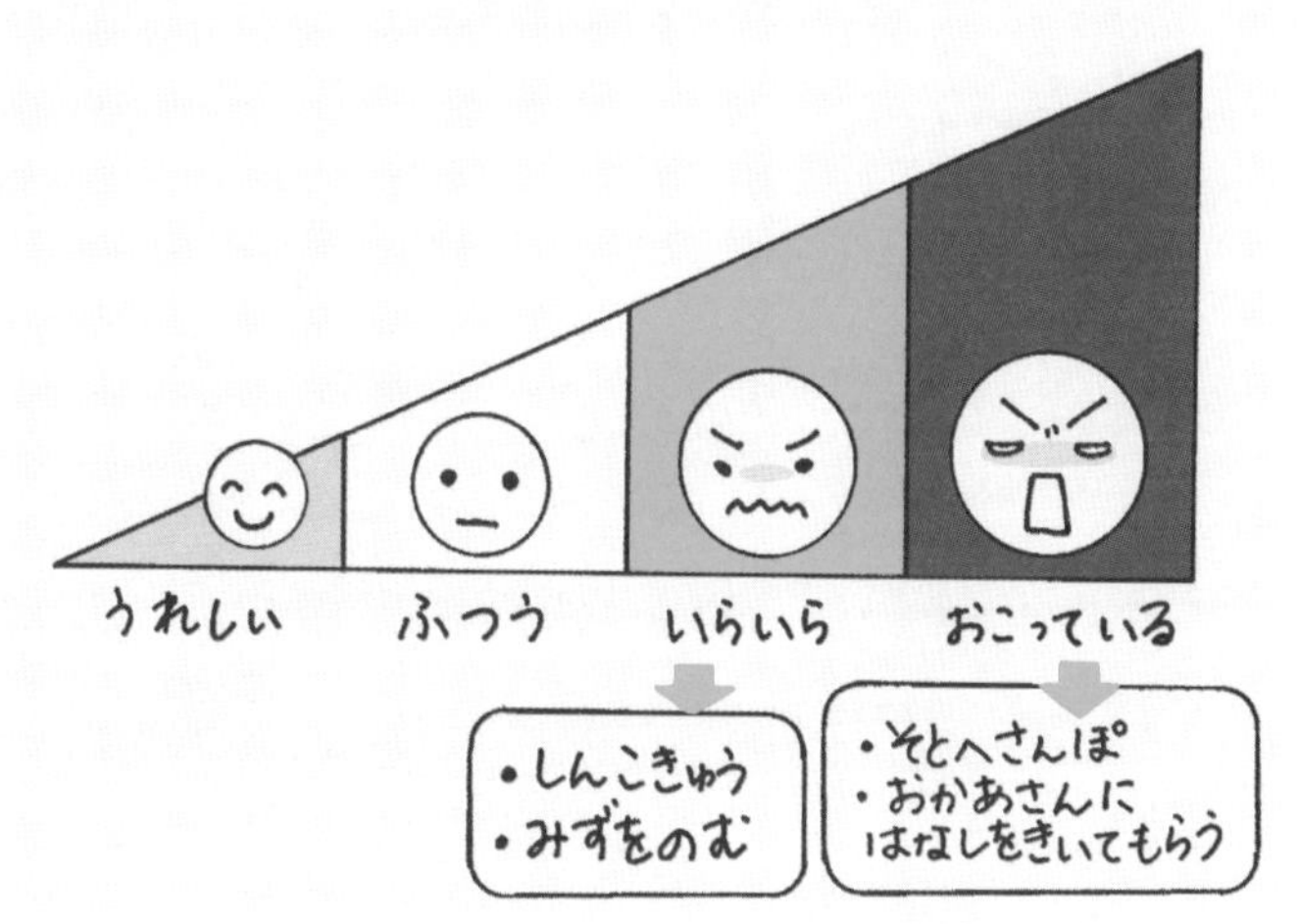

かの対策を紙に書いておきます。そして対策3の図のような**「イライラ温度計」**を作り、子どもがイライラしたときに、「今どのくらい？」と聞いてみます。

その後、発散方法のどれかを試してもらい、もう一度、イライラ温度計を見せて、お子さんのイライラがどのくらい減ったかを一緒に確かめましょう。

ゲームの前や、お子さんがイライラし始めたら、この発散方法を書いた紙を見せて、「お部屋を出てもいいんだよ」などと伝えましょう。

また、学習で字を間違ったとき、消しゴムで消すと失敗のあとが見えたり、隣の文字も消してしまったりして、ストレスを感じる子もいます。

「隣の欄に書いてもいいよ」と伝えれば、気持ちを切り替えやすいでしょう。

失敗したときは「まぁいいか」と言ってみることを伝え、もしお子さんが自分で気持ちをコントロールすることができたら、たくさんほめてあげましょう。

まとめ

「ゼロか百か」の考え方から「まぁいいか」の考え方に切り替えられるようにしてあげたいですね。

うちではこうしました！

- 勝ち負けにこだわり、失敗を極度に怖がります。勝ち負けのある遊びはなるべく避け、もしやるときは、やる前に確認をとっています。（9歳女児）
- 「失敗」や「負け」を過剰にいやがります。思い通りにならないと怒り出し、声が大きくなり攻撃的に。失敗については、「そういうときもあるよ」と説明しています。納得するときもありますが、納得できないことも多く、仕方ないことと話してから放置し、クールダウンさせています。（7歳女児）
- 負けたり間違えたりすることを極端にいやがります。先生に特性を話し、責めるのではなく、こうするといいという解決策を示してもらうことにしています。（10歳男児）
- 勝ち負けにこだわるので、好きなトランプゲームで遊びながら、スモールステップでひたすら練習中。5回中1回くらいは、負けても大丈夫になってきました。（6歳男児）
- 勝つことにこだわり、負けず嫌い。「ゲームだから負けることもある」と前もって伝えたり、負けて泣いたり怒ったりすると、周りの人も楽しくなくなることを伝えています。（8歳女児）

ケース

3

同じ質問や確認を何度もする

不安や心配から、何度も確認してしまうのかも

「お母さん、今度の日曜どこに行くんだっけ?」
「だ・か・ら! のりこおばさんの家だって、昨日言ったでしょ!」
一時間後――。「お母さん、今度の日曜って……」

このように同じ質問を何度もされて、「さっきも言ったでしょ!」と怒ってしまったり、あきれてしまったりすることはありませんか?

子どもが自分から質問をしたのに、答えを忘れてまた同じことを聞いてくると、「どうして同じことを何度も聞くの!?」と怒りが倍増しそうですよね……。「記憶力が悪いんじゃないだろうか」と不安になることもあるでしょう。

しかし、記憶力とは別に、不安や心配から何度も質問や確認をしてくる場合もあります。

「予定が変わってしまっていたらどうしよう」と不安になったり心配になったりすることで、何度も質問をしてしまうのです。

また、「日曜日に会うのりこおばさんは、こわいのかな、やさしいのかな」などの不安を抱えてはいるものの、それをうまくあらわせずにいる場合もあります。

さらに、**子どもの中には、決まったやりとりを繰り返すことで安心したり、「同じ答えを言ってほしい」というこだわりがあったりする子がいます。**

質問を無理にやめさせたり、「あんまりしつこいと、行くのをやめるよ！」などと、条件を付けて大人の言うことを聞かせようとしても、子どもには**「行くのをやめるよ」という言葉が頭に残ることで、かえって不安に**なり、気持ちが落ち着かなくなってしまいます。

子どもが何に対して不安に思っているのかを探り、気持ちを上手に受けとめてあげましょう。

対策1 答えを目に見えるように紙に書いておく

応答の言葉は消えてしまいますが、紙に書いてあれば、心配なときはいつでも見ることができます。

一度聞いた答えを忘れて何度も質問をしてくる場合や、「予定が変わっていたらどうしよう」という不安から質問を繰り返す場合は、答えをカレンダーや単語帳などに書いて、**子どもが自分で確認できる**ようにしましょう。

子どもが同じ質問をしてきたら、直接応答するのではなく、「カレンダーに書いてあるよ」と声をかけたり、「一緒に見てみようか」と伝えたりしましょう。

対策1 point 子どもが繰り返す質問の答えを書き、目に見える場所に貼っておく

大人が毎回直接質問に答えるのではなく、子どもが自分で紙を見て解決できるようにすれば、親子ともにストレスが減ります。

対策2 質問の意図を探る

何度も同じ質問をするのは、答えを知りたいのではなく、「そのことを確認したい」「そのことについてもっと話したい」「本当は別のお願いがある」「お母さんの気を引きたい」などの理由があるかもしれません。

お子さんが「日曜日はどこに行くの？」と聞いてきたら、「日曜日は○○公園に行くんだよね。楽しみ？」などと質問を返して、子どもの気持ちを探ってみましょう。

「明日は学校？」と聞いてくるときは、「そうだよ。何か困ったことがある？」などと、先回りをして質問をします。

「今日のごはんは何？」などのとりとめのない質問なら、「相手をしてほしい」という気持ちのあらわれかもしれません。

「さっき教えたよ。覚えているかな？」「お母さん、別の質問がいいなあ」「肉じゃがだけど、何の野菜が入っていると思う？」など、**少し遊びを混ぜて、**子どもの気持ちを満たしてあげましょう。

対策 3 質問してもよい回数を子どもと一緒に決める

決まったやりとりで安心する子に、質問を禁止すると、不安が大きくなってしまう場合があります。

そこで、何度までなら質問をしてもOKかを一緒に決めましょう。

質問の回数を決めたら紙に書いて、質問に答えたあとは、子どもの見ている前で紙にチェックを付けます。

約束した回数になったら子どもに見せて、たとえば「3回までの約束だったよね」

対策 2 point
同じ質問が何度も続くときは、質問内容よりも子どもの気持ちを推測

対策 3 point
何度までなら質問してよいかを事前に子どもと決めておく

おなじ しつもんは 3かいまで

1	2	3	4	5
	おかしいな と おもう	しつこいな と おもう	いわれた ひとが イラっと する	> < いわれた ひとは はらが たってくる

などと伝えましょう。

「ちょっと不安だったけれど、2回でがまんできた」という場合は、「すごい！　2回がまんできたね」と、その変化をきちんとほめます。

それでもお子さんが不安そうなときは、受けとめられる範囲で、何度でも答えてあげられるといいですね。

まとめ

同じ質問ばかりするのは、記憶力が悪いからではなく、背後に「不安」があることが多いです。理由を探ってあげてください。

うちではこうしました！

- 「今日のご飯何？」と、朝も夜も何度も聞かれてイライラするので、あらかじめホワイトボードにメニューを書いて、聞かなくても子どもが自分で確認できるようにしました。（10歳男児）
- 「明日は学校？」と、平日・週末問わず聞いてくるので、「自分でカレンダーを見て考えなさい！」と叱っていました。しかし、どうやら日にちの感覚がないらしく、カレンダーを見ても、今日が何月何日の何曜日なのかわからない様子……。土曜登校日などがあると、さらに混乱します。1日が終わるとカレンダーに×をつけるようにして、土曜日で学校がある日は、赤字で「登校日」と書くようにしました。（9歳男児）

ケース

4

興奮するところかまわず大はしゃぎする

注意力散漫や衝動性で
好奇心のままに動いてしまうのかも

外出時に、気になるものを見つけると、途端に周りを見ずに走り出したり、電車やバス、エレベーターの扉が開いた途端にとび出したりする子がいます。

年齢が上になってくると、手をつなぐのをいやがることもあり、**ただ注意しただけでは聞いてくれない**ので、本当に大変です。

迷子になったり、人とぶつかったりと、親の心配は計り知れません。

「○○から××までは手をつなぐよ」と伝え、とび出しが危険な場所は、手をつないで歩くことをルール化して教えましょう。

また、興奮しやすいタイプの子は、公共交通機関の乗りものに乗った際、興奮して

大声を出してしまったり、暴れ出したりして、自分をコントロールできなくなることもあります。
このようなときは、親も感情的になって子どもをどなりつけてしまいやすく、子どももさらに興奮するという悪循環になることも……多々あります。
注意力が散漫でいろいろなことに関心が行きやすかったり、衝動性が強くてじっとしていられなかったり、見たものをすぐにだれかに伝えたくなったり……。こうした特性のある子は少なくないと思います。
彼らに、「話しちゃダメ!」「動いちゃダメ!」と言うだけでは、効果は見られません。するべきことがなくなると、今度は一人でおしゃべりを始めたり、歌ったりして、やがてそれが大きな声になり、再び周りの迷惑になってしまうかもしれません。

ひたすらがまんをさせるのではなく、代わりにできることを提案したり、「道は走らないで。でも公園に行ったら思いきり走って大丈夫だよ」などと、メリハリをつけたりしましょう。場所ごとに、わかりやすいルールを決めておき、守れたらほめるようにします。

すぐに迷子になる子の場合は、GPS機能付き携帯を持たせたり、連絡先を書いた迷子札をバッグに入れておいたりと、対策をとっておくとよいでしょう。

対策1 電車やバスで静かに時間をつぶせる方法を考える

静かにしてほしい場所では、子どもが夢中になれるようなものをいろいろと持たせるとよいでしょう。

本やゲーム、飲みものやお菓子など、**なるべく子どもに自分で選ばせる**ようにします。音の出るおもちゃはNG、ゲームは消音にして使うことなど、周りに迷惑をかけないよう、事前にしっかりと約束しておきます。

対策1 事前に、終わりのタイミングや時間を伝えておく

あと2分ぐらいで
着くから
ゲーム終わりだよ

考えるのが好きな子なら、なぞなぞの本やクイズの本を持っていくと、親子で楽しめるでしょう。絵が好きな子なら、小さいスケッチブックを持っていき、一緒に絵を描くのもいいですね。

ただし、「まだ本を読んでるから（まだゲームが終わらないから）電車から降りたくない！」と言うことのないよう、事前に「目的の駅に着いたら、このしおりをはさむよ」と伝えたり、到着の前に「あと2分ぐらいで着くから、ゲームを終わろう」と声をかけるようにしましょう。

持ちものを忘れてしまったときは、しりとりをしたり、「次の駅までに、赤い屋根の家をいくつ見つけられるか数えよう！」

「○○に到着するまでに、何台のバスとすれ違うかな？」などと競い合ったりしてもいいですね。

少しの間だけ静かにしていてほしいときは、「今から30秒だけ静かにしたらゲームクリア！」などと、ゲーム感覚で伝えるのもいいでしょう。

どうしても興奮して静かにできないときは、電車からいったん降りるなど、その場から一度離れて、落ち着くまで待つことも重要です。

対策2 場所に合った声の大きさや行動のルールを教える

対策2の図のように、声の大きさを客観的に見てわかるようなカードを作ります。

親が大きな声を出して「これはライオンの声だね」と伝えたり、小さな声を出して、「これがネズミくらいの声だよ」と見本を見せたりします。

お子さんにも自覚できるよう、実際にそれぞれの声の大きさをまねさせましょう。

そうしてから、「電車の中では、どの大きさがいいと思う？」「お母さんがだれかと電話をしているときは？」などと質問して、**いつ、どこで、どのくらいの声の大きさがちょうどいいのか**を一緒に考えます。

対策2 point 声の大きさを視覚的に提示。自分の声の大きさを客観視させる

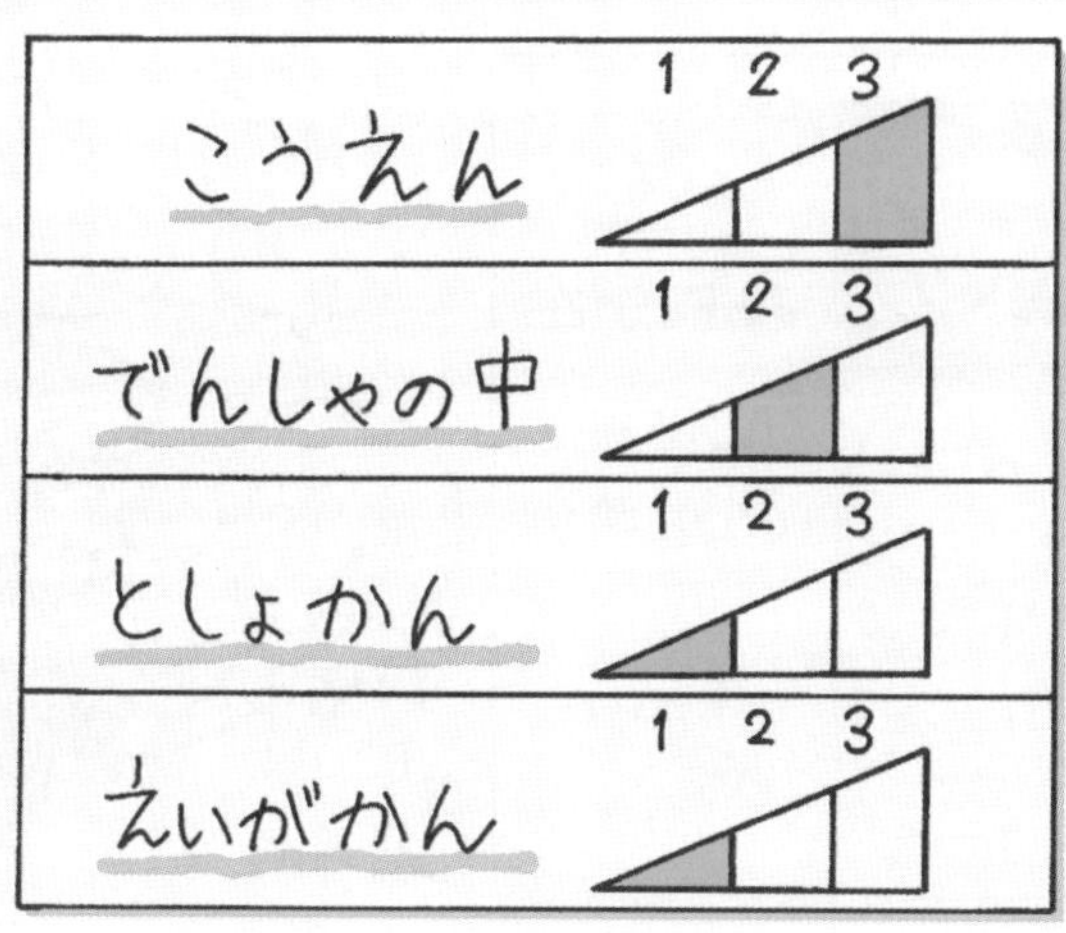

お出かけのときは、このカードを持っていき、電車に乗る直前にカードを見せるなどして再確認するとよいでしょう。

きちんと望ましい声で対応できた場合は、たくさんほめてあげてください。

対策3 興奮をしずめる方法を教える

お子さんが興奮してから「静かにして！」と言っても、うまく制御できません。

できれば興奮しそうになったときに、子ども本人が自覚してうまくコントロールしてほしいものですが、自分が興奮しそうになっているのかどうか、子どもは客観的に見られないことがほとんどです。

対策3 point 「気持ちメーター」を作り、自分の気持ちの程度に気付かせる（※）

そこで、対策3の図のような「気持ちメーター」を作って、「あなたが興奮すると、ものすごい大声を出したり、暴れたりするのよ」と伝え、「できればそうなる前の黄色信号のときに、気持ちを落ち着けよう」と伝えます。

気持ちの落ち着け方は、場所を変える、深呼吸をする、手を握って10数えるなど、なんでもかまいません。**お子さんと一緒に、どの方法がいいか探りましょう。**

お子さんが興奮してきたら、気持ちメーターを見せて、「いま黄色になってきたよ、深呼吸してね」などと気付かせます。

騒がしい空間だと、子どももつい大声を出してしまいます。大人も声を小さくした

うちではこうしました！

- 外出先でフラフラ動いて、ものや人にぶつかったり、商品をさわったり、すぐに疲れてグズったり……。対応としては、どこに何の目的で、どれくらい外出するか、どんなふうに過ごしてほしいかを予告しています。（7歳男児）
- 小さいころから何かに興味を引かれると、すぐに走って行き、何度も迷子になりました（本人は自覚なし）。出かけるときは、派手な色の服を着せて見付けやすいようにしています。他には、出かける前に写真を撮って、人に探してもらうとき特徴を伝えやすいようにしたり、自分の名前をしっかり言えるように練習するなどしています。（8歳男児）

り、部屋の窓を閉めて、外の音が聞こえにくいようにしたりするとよいでしょう。

すでに興奮状態になっていて声をかけてもダメなときは、遊びの区切りを見計らってから、声をかけましょう。

※対策3「気持ちメーター」は、状態をさらに細かく分けてもOK。（例）①たのしすぎて走りだしたり、ものを投げたりする／②たのしすぎて大声をだしたり体を動かす／③たのしくておしゃべりが大きくなる。体が動きだす／④たのしくてふつうに話す／⑤たのしくて笑顔／⑥おちついている。

まとめ

衝動性のある子には、自分の状態を客観的に見られるように、事前予告と視覚指示でアプローチするとよいでしょう。

ケース

5

ゲームやネットばかりしている

手軽なゲームやネット動画にハマりやすい

小学生のゲーム機やスマホの所有率は増えてきています。買うべきかどうか悩むご家庭も多いでしょう。

ゲーム機は、子ども同士のコミュニケーション方法としての側面もあり、「児童館に行ったら、みんなゲームで対戦していて、自分だけ遊べなかった」などと言われると、「買ったほうがいいのかしら?」と悩んでしまいますよね。

最近は携帯電話を持たせるために、仕方なくスマホを買うご家庭もあるでしょう。

しかし、大人でもなかなかゲームやネットをやめられないのに、小さな子どもがセルフコントロールをするのは至難の業。

ゲームやネットは手軽に時間をつぶせるため、**ひまになるとすぐにさわってしま**

い、**「気が付けば毎日ゲームをしている」という状況になりがち**です。

さらにひどくなると、強制的にやめさせようとすると、キレて暴力的な発言をしたり、暴れたりする子もいます。

学校でのいやなことを忘れるためや、不安から逃れるために、ゲームに没頭してしまう子もいます。

しかし、余暇活動が限定的になると、「ゲームができないとき」に何をしていいのかわからなくなり、気持ちをコントロールできなくなったり、かんしゃくやパニックを起こしてしまうこともあります。

発達障害やグレーゾーンの子どもは、ネットやゲームにはまりやすいタイプの子も多いと言われています。

また、高学年になると、SNSのグループなどで会話や通信がやめられなくなったり、アクセスしていないと悪口を言われるのではと不安になったり、誤解を生むような書き込みをして、お友だちとトラブルになってしまうこともあります。

小学生の間は、ルールを守ることを教えること、ゲーム本体の管理をしてあげることが重要です。

対策1 子どもと一緒にルールを決めて徹底して守らせる

ゲームやネットには依存性があるので、制限を設けないと時間を忘れて没頭し、「ダメ」と言われてもがまんできない場合があります。

制限付きでできるように、始める前にご家庭で「ルール」を作るとよいでしょう。ルールは、子どもが守れる内容であることが大切です。大人が一方的に決めるのではなく、**必ずお子さんと相談して、具体的な時間などを決める**ようにしてください。

ルールは、目で見て確認できるように紙に書き、それを徹底して守らせます。お子さんが守れたらたくさんほめましょう。

対策1 始める前に、必ず終わりの時間を決める

「今日はまぁいいか」「そんなに言うなら10分おまけ」など、ルールが親の気分や子どもの都合で変更されると、子どもは〝ルールはそんなものだ〟と思ってしまいます。

ゲームやネットに熱中しているときに、突然「終わり！」と言われると、感情的になって暴言を吐いたり、暴力をふるってしまったりする場合もありますので、始める前に必ず「5分前に声をかけるよ」などと予告しておくとよいでしょう。

終わりの時間を伝えるときは、体に触れながら「あと5分だよ」と言葉で伝えたり、タイマーを使って音で伝えたり、時計にシールを貼って視覚的に伝えてもよいと思います。

最近のゲーム機には、時間を設定できる機能が付いたものもありますので、お子さんと話し合って終わりの時間を決め、設定してからやるのも便利です。

まずは小さなルールから守らせて、気持ちをコントロールする練習をしていきましょう。

たとえば、「お片付けをしたら、ごほうびとしてゲームができる」などのように、やるべきことをやったら、制限付きでゲームできるようにしてもよいかもしれません。お子さんのやる気もアップします。


約束が守りにくい場合は、期間を設けて、短い時間（たとえば一日だけ）のルールを作り、守れるようであれば、次の日も継続したり期間を長くしたりしてステップアップし、守れないときはルールを見直して再トライするようにします。

子どもにルールを徹底して守らせたいときは、大人もルール厳守が必須です。

「お父さんだって会社から帰ってきたらゲームをしているのに、どうしてぼくだけしちゃいけないの？」となると、子どももルールを守ろうとしないでしょう。

遊び終わったら、必ず親がゲーム機を回収し、厳重に保管する

親がルールを守る姿を見せて、見本を示さなければ説得力がありません。

ここは大人もがんばりどころです。守れるレベルの範囲でルールを決めましょう。

対策2 ゲーム機は親が保管・管理

ゲーム機の保管・管理は、**子どもに任せっぱなしにしないことが非常に重要**です。

終わりの時間がきたら、毎回、ルール通りに、必ず親がゲーム機を子どもから回収しましょう。

小学生に自分の衝動を管理することは難しいです。そばにゲームがあると、つい手が伸びてしまうと思うので、遊び終わったら、必ず親がゲーム機を預かるようにしましょう。

子どもは自分の好きなことになると非常に頭が冴えます。

大人がカギ付きのケースにゲームを保管しておいても、カギを探し出して解錠したり、大人が設定したパスワードをこっそり盗み見て、ロックを解除する子もいます。

ご家庭内で無理のない範囲で、保管・管理方法について検討していただくのがよいかと思います。

最近は、多くのスマホやゲーム機に、親の管理プログラムや機能が付いています。オプションになっているものもありますので、買い与えるときに、販売店に尋ねてみるのもよいでしょう。

対策3 子どもが興味を持ちそうな体験に誘う

お子さんの興味や年齢に合わせて、ゲームやネット以外の遊びや体験活動をすすめてみましょう。

たとえばサッカーゲームが好きな子なら、実際にサッカーの試合を見に行くなど、

なるべく外の世界に触れられるものがいいでしょう。

組み立て系ゲームが好きな子には、プラモデルやブロックなど、リアルに手を動かしてできる遊びに誘ってもいいですし、育成系ゲームが好きな子には、現実世界で植物や動物を育ててみるのもおすすめです。

戦闘ゲームが好きな子には、ボードゲームや勝敗の付くカードゲームに誘ったり、ゲームのキャラクターが登場するイベントに誘うなどしてもいいですね。

親子でイベントに行ったり、子どものお友だち家族を誘ったりして、ゲームやネットとは違うリアルな楽しさを体験させてあげましょう。

外に出るのが苦手なインドアタイプのお子さんには、本格的なゲーム競技「ｅスポーツ（エレクトロニック・スポーツ）」や、プログラミング学習教材をすすめてみるのもいいでしょう。

ボードゲームに誘ったり、一緒に楽器を弾いたり、料理をするのもおすすめです。最初から時間のかかる活動をすすめると、いやになることがあります。短時間でもいろいろな体験をして、徐々に興味を深めたり広げたりできるといいですね。

対策3 point 「ゲーム感覚」を取り入れると、子どももやる気になる

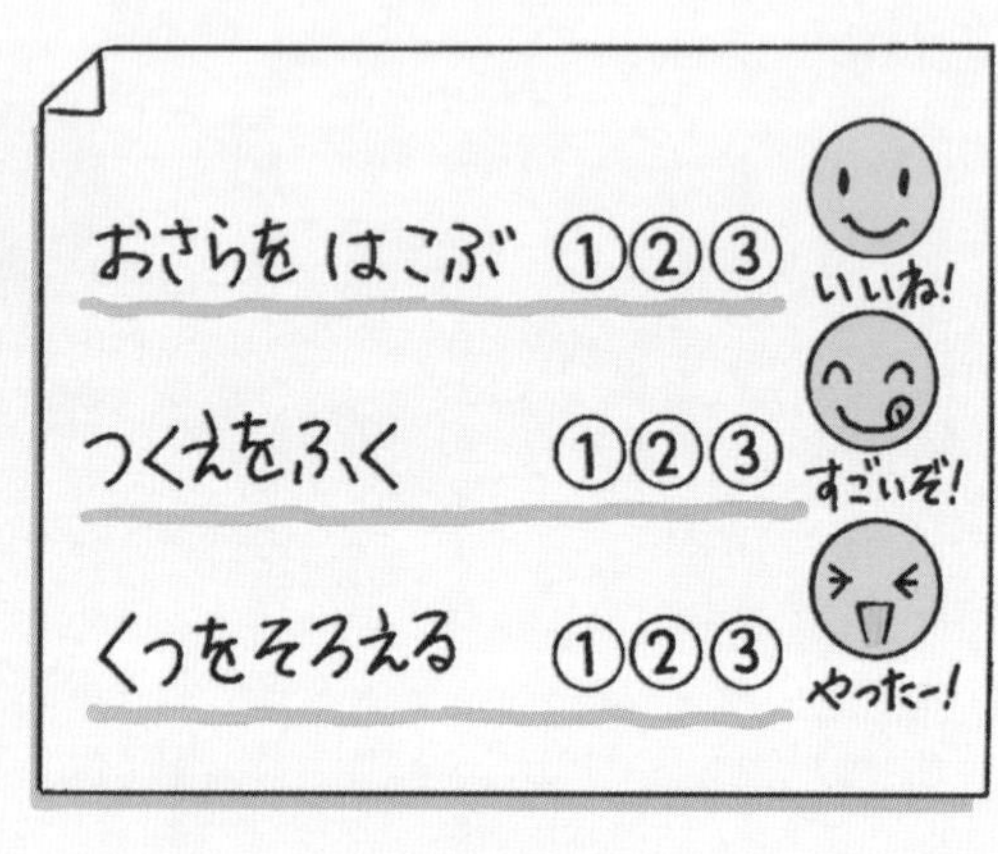

ゲームやネットなど、手軽に快楽を得られるものに慣れてしまうと、面倒なことをしたがらなくなります。

お子さんが他のことにも意欲を持ってくれるように、きっかけを作りましょう。

たとえば「ごみ捨てに行く」「食器を片付ける」「タオルをたたむ」などの簡単なお手伝いをゲーム感覚で取り組ませます。

できれば対策3の図のようなポイント表を作り、お手伝いができたらシールを貼るなど、ごほうびをあげるようにするといいでしょう。「3回できたらお菓子をあげる」など、最初はごほうびまでの回数を少なめに設定し、小さな成功体験を積ませます。

慣れてきたら「お父さんと洗車」「お母

さんとお菓子作り」などと、親子で楽しめる内容を加えていくとよいでしょう。

インターネットで検索すると、お手伝いアプリがいろいろと出ています。

たとえば、お手伝いポイント管理アプリ「てつだって」は、子どもがお手伝いをしたらポイントがもらえ、貯まったら、ごほうびやおこづかいに交換できる仕組みで、入学前のお子さんでも使いやすいと思います。

まとめ

ゲームで遊ばせるときは、管理は親が行い、子どもと一緒にルールを決めて、そのルールを徹底して守らせましょう。

うちではこうしました！

- ゲームやYouTubeの視聴などは、放っておくと何時間でも続けてしまうので、タイマーを使って「60分間経ったら45分間休憩する」ルールを決めました。時間になるとタイマーの音が出るので気付きやすく、本人と一緒に決めたルールなので守ることができています。（7歳男児）

- テレビ、ゲームは、時間を区切るようにしています。しかし、なかなかやめないので、無理やりやめさせると、気持ちが収まらない状態に……。そんなときは、「何に怒っているの？　怒っているのを見たくない」とこちらのメッセージを伝えて、落ち着かせるようにしています。子ども本人は、自分が怒る意味を次第に理解してきているように思います。（8歳男児）

- やりだすと夢中になり歯止めがきかなくなります。そこで、「勉強した時間だけゲームをやっていい」と家庭内ルールを決めました。さらに、ゲームの使用時間制限機能も活用しています。（9歳男児）

- 「電車などの移動中にだけゲームをしてもよい」というルールでやらせていますが、電車を降りてもやめようとせず、歩きながらゲームをやろうとして通行人の邪魔になって困ります。ゲームを無理に取り上げると、大騒ぎに……。「まったくやらせない」という方法も考えましたが、時間つぶしの代案が見つからず、降車後は、キリがいいところまでゲームをやらせ、しっかりカバンにしまわせてから移動するようにしています。（6歳男児）

ケース

6

お金の管理が苦手

「ほしい！」と思ったら衝動を止められないのかも

ある男の子は「学校で新しいノートがいる」と言って、お母さんから２００円をもらいました。しかし30分後、手ぶらで帰ってきました。

わけを聞くと、文房具屋さんに行く途中でコンビニに入ってしまい、「２００円もあるから大丈夫」と思って80円のガムを買ったとのこと。いざ文房具屋さんに行くと、ノートが１４０円で、お金が足りなかったと言うのです。

彼は小学校5年生で、月５００円のおこづかいをもらっていますが、いつも最初の1週間ほどで使い果たしてしまい、「おこづかいが足りない！」と怒ります。

おばあちゃんにお年玉をもらったときも、その足でおもちゃ屋さんへ直行し、全額を使い果たしてしまいました。

この男の子のように、「お金を次回にとっておく」「貯めておく」などの見通しがつけられず、「使わないのは損！」とばかりに、あればあるだけお金を使ってしまう子どもに悩む親御さんは結構いらっしゃいます。

「本当にほしいかどうか」を熟慮して買っていないため、「買ったはいいけれど、すぐ飽きる」状態にもなりやすく、もったいない！　と感じる親御さんも多いでしょう。

小学生低学年ぐらいの子どもには、おこづかいを貯めて、残額を考えて買うという意識がまだありません。

衝動的な面があり、必要なものを買うに

はいくらかかり、いくら余りが出るのか、その場で考えることができないのかもしれません。

お店には誘惑がたくさんあります。衝動的に「これがほしい！」と思ったときに、たまたまお金を持っていれば、まだ子どもなので、後先を考えずに買ってしまいます。

しかし年齢とともに、お金の管理能力は身に付けてほしいもの。「買いたい」衝動を抑えて、お金を管理する能力は、大人が教えてあげなければ育ちません。子どもが衝動に打ち勝てるように、きっかけを作って、少しずつ自立の練習をさせてあげましょう。

対策1 おこづかい帳をつけさせる

つねに「あと200円しか残っていないぞ」と実感できる子は、無駄遣いをあまりしませんが、問題は、残額を認識できない場合です。

残額を認識するには、**おこづかい帳をつける**のが一番です。

細かい表にすると書くのが面倒なので、対策1の図のようにシンプルにして、「日付」「買ったもの」「金額」「残りの金額」をひと目で見られるようにしましょう。

書くのが難しいようであれば、最初は、「日付」と「残りの金額」だけでも十分です。書くことが習慣になってきたら、項目を増やしていくといいでしょう。**毎日ストレスなく続けられるようにすることが大切**です。

細かい計算が苦手なら、電卓を使ってやらせてみてください。財布の中身を数えて、合計金額を書くだけでもかまいません。

「レシートは必ずもらってくる」と約束させて、おこづかい帳をつけるときは、おうちの方も手伝ってあげてください。

その際、「今日は何を買ったの?」「いくらだった?」と親が質問して答えさせることで、使った金額を自覚させましょう。

100円玉×4枚＝400円、10円玉×8枚＝80円などと、どの硬貨がどれだけあるかも書いておくと、さらにお子さんが残額をイメージしやすくなります。

このメモを財布に入れておけば、衝動的に何かを買おうとしたとき、財布の中を見ただけで今の残額がわかるので、抑止力になります。

また、「10日の縁日のために、300円残しておく!」などとメモに書き足してお

対策1 point 記入方法はスモールステップで。残金を見て認識させることが大切

日づけ	かったもの	のこりのお金
4/1	ポテトチップス	890円

日づけ	かったもの	ねだん	のこりのお金
4/1	ポテトチップス	110	890 100円玉 8まい 10円玉 9まい
4/15	マンガ	600	290 100円玉 2まい 10円玉 9まい

くと、さらに効果が上がるでしょう。

子ども用のシンプルなおこづかいアプリもたくさん出ています。親御さんのスマホで、一緒に管理していってもよいでしょう。

インターネットで検索すると、三井住友カードが提供する子ども向けおこづかいアプリ「ハロまね」や、金利が付いてくる「こども銀行」など、いろいろなおこづかいアプリが見つかると思います。いろいろと試しながら、お子さんが続けられそうなアプリを探してみてもいいかもしれません。

「この500円は文房具代よ」「これは縁日で使うお金だから、取っておいてね」などと言ってお金を渡しても、おこづかいと一緒に財布に入れてしまえば、使い分けは難しくなるでしょう。「全部自分のお金」と認識して、かたっぱしから使い果たすことになりかねません。

対策2 余分なお金は持たせない

そこで、用途ごとに財布を分けて、「文房具を買いに行くときはこの財布だけ持って行く」と決めましょう。そうすれば、**余計なものを買わずに済みます**。

用途の分け方や、どの財布にいくら入れるかは、大人も一緒に考えてあげます。ただし、「お金を使い道ごとに分ける」という実感を持たせるために、財布にお金を入れる作業はお子さんに任せてください。その際、それぞれの財布ごとに、残額を書いたメモを入れましょう。

用途ごとに財布を分ける以外に、期間ごとに財布を分けるという方法もあります。たとえばおこづかいが1カ月500円なら、週ごとに4つの財布を作り、120円ずつ入れます。「あまりの20円は貯金」「その週に使い切らず余ったら、次週に使え

対策2 使い道ごとに財布を分けて、お金を残額メモと一緒に入れておく

point

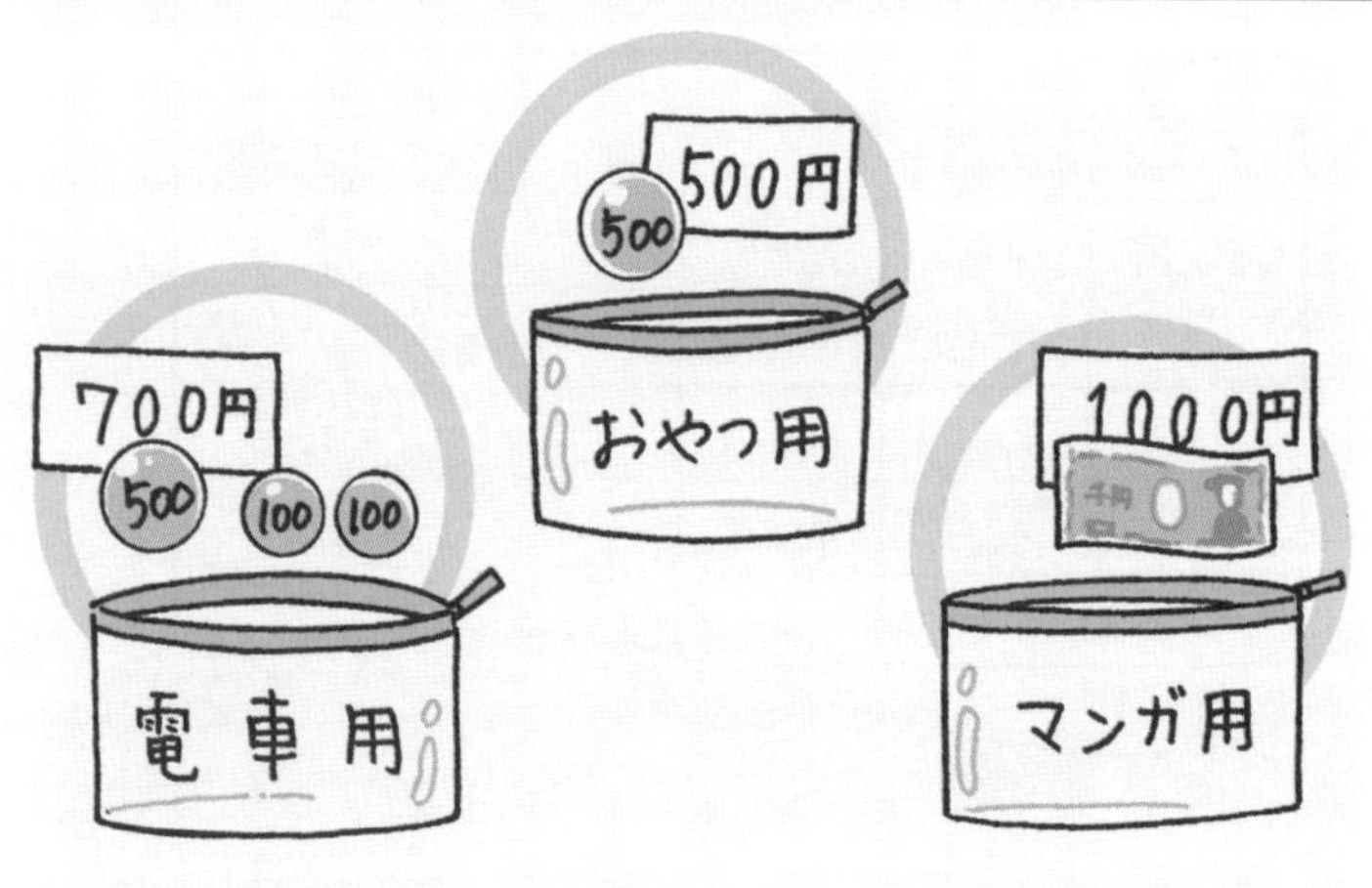

る」など、その都度、子どもと相談しながら、続けやすいルールを考えてみましょう。

対策3 買いものの計画を立てる

ほしいものの優先順位を考えておかないと、見たものをかたっぱしから買ってしまい、本当にほしいものが買えなくなる……という状況になりがちです。

子どもがそんな失敗をして「お金がない」と落ち込んでいるときは、チャンス！「じゃあ次は、計画を立てよう」と誘ってみましょう。まずは、ほしいものを対策3の図のように書き込みます。優先順位と、だいたいの金額も書き入れましょう。

そしておこづかいやお年玉をもらった

対策 3 point 優先順位をつけて、本当にほしいものを買うために計画を立てる

○○くんのほしいもの			いまもっているお金2000えん
じゅんばん	なまえ	ねだん	たりない お金
1	ゲーム	14000えん	12000 えん
2	ラジコン	5000えん	3000 えん
3	きょうりゅうずかん	900 えん	えん

ら、一緒に数えて金額をノートに書き、ほしいものとの差額を計算させます。

予算オーバーなら、どれを優先的に買うかを考えます。ほしいものが新たにできたら、その都度、一緒に計画を見直します。

こうすることで、いらないものを衝動的に買う行動を、ある程度防ぐことができると思います。

そして、おこづかいを渡す前に、**前回の収支をノートを見て振り返らせます。**「なぜ必要なものが買えなかったか」を考えることで、自己管理の練習になるでしょう。

単に「予定外のものは買っちゃダメ！」と禁止するだけでは、子どものお金の管理

能力は育ちません。目に見える数字にして、一緒に考えてあげましょう。

対策4 友人間のお金の貸し借りは禁止

「お金貸して」と言われたら、お友だちだからと貸してしまったり、おごってしまったりして、結局、自分のおこづかいがなくなってしまった……というケースは結構あります。

発達障害の傾向がある子は、相手の気持ちを読み取ることが苦手な場合がありま す。自分はお友だちだと思っていても、実は、相手からは金づるだとしか思われてい ない可能性も、ないわけではありません。お友だちでも、お金の貸し借りやおごるの は禁止するルールを、お子さんと決めておく必要があります。

まとめ

衝動的ではなく、計画的にお金を使う練習をさせていきましょう。

うちではこうしました！

- 手持ちのお金を全額使う癖があります。今日使うお金を決め、使うぶんだけを持ち歩かせるようにしています。（9歳女児）
- まだ細かくはわかっていないので、病院など、ある程度、子どもに買いものをさせても大丈夫な場所で、おやつなどの安い金額のものを買わせています。お金の金額や、どれがどの硬貨で、合わせるといくらになるかなどを、しっかり覚えてもらうところからやっています。（6歳男児）

column 2

診断と福祉的サービス

診断があることで受けられる支援

児童発達支援や放課後デイサービスの利用などに使われる受給証など、診断がなくても一定の配慮は受けることができますが（地域によって診断書が必要な場合もある）、診断があることで受けられる支援の幅は広がります。

また、診断とは別に、障害者手帳というものもあります。

知的障害の診断を受けた場合、療育手帳（東京都では「愛の手帳」）を申請することができます。

療育手帳を持っていることで、多種の税金が控除される場合があります。

ただし、これは都道府県や政令指定都市などによっても異なりますので、自治体に確認されるとよいでしょう。

また、状況によっては、特別児童扶養手当の支給対象となる場合もあります。

特別児童扶養手当とは、20歳未満の精神または身体に障害のある子どもを育てる父母などが受けられる手当です。

医師の診断書があれば、手帳がない発達障害のお子さんも申請することができます。

これらの申請をすることで、国からの経済的サポートを受けることが可能になったり、家計の負担を少し軽減することができます。

発達障害の診断は、医療機関で受けることになります。診断後の薬の使用だけでなく、各種の申請や意見書など、医師のフォローは重要です。

何かあったときだけでなく、定期的に受診できる主治医を持つことをおすすめします。

発達障害の場合、知的障害がなければ、手帳は「精神保健福祉手帳」となります。

交付基準は自治体ごとに異なりますので、インターネットや専門機関に問い合わせたり、先輩の親御さんなどに尋ねてみるとよいでしょう。

第4章

「学校生活」の悩み

障害のある子が学校生活を楽しめるように親ができること

小学校の通常学級は、みんなと同じスピードで時計が進みます。

3年生は3年生らしく、6年生になったら6年生らしく……というように、全員が並列的な成長を求められます。

しかし、発達の様子が気になるお子さんや障害のあるお子さんは、それにうまくついていけないこともあります。

できないことが目立つので、おうちの方は焦ると思います。「周りの子はふつうにできていることが、なぜうちの子にはできないのかしら……」と、落ち込んでしまうこともあるかもしれません。

しかし、学校のことは親が立ち入れない部分が多く、家庭では助けてあげられることも、学校ではできません。

学校生活では、お子さんが苦手なことをすべて解決できるわけではないと割り切っておくとよいでしょう。あまり完璧を求めすぎないようにすることが大切です。

そして学校関係者の協力を得られるようにするためにも、日ごろから担任の先生や理解のある人に、お子さんの気になるところや障害のことを伝え、**「合理的配慮」**を求めて学校と協力してみましょう。

合理的配慮とは、障害のある子が障害のない子と同じように学校生活に参加できるよう、障害特性や困りごとに合わせて配慮が行われることです。

たとえば、読み書きに困難がある子には、拡大教科書やタブレット、音声読み上げソフトなどを利用して勉強できるようにしたり、周りの刺激に敏感で、集中し続けることができない子の場合は、仕切りのある机を用意したり、別室でテストを受けられるようにしたりするなどが、学校生活での配慮例として挙げられます。

ただし、診断のある子にはサポートがなされても、診断のない〝苦手レベル〟の子にはなされないこともありますので、学校サイドに確認したほうがよいでしょう。

ある程度の苦手や失敗があっても、子どもが学校生活を楽しめていれば、親としては安心できます。特性や困りごと、学校生活上の場面や環境に合わせた配慮に基づいて、お子さんが過ごしやすい環境を作っていけるといいですね。

ケース

1

授業中に集中せず立ち歩く

わざと授業を妨害しているわけではない

授業中に立ち歩く、他の子にちょっかいをかける、ヒソヒソ声が気になって衝動的に話しに行ってしまう、ぼーっとしたり寝たりする……。

こういう態度は教師からすれば、授業に関係ないことをしていて「不真面目」として捉えられ、印象が悪くなります。

しかし子どもには、それぞれの理由があるかもしれません。

「今日は集中してちゃんと話を聞くぞ！」と思っても、**ずっと座りっぱなしでいることに耐えられなくなったり、つい他のことに気持ちが移ったりしてしまう**のです。

一度他のことに気持ちが向くと、なかなか授業に戻ることが難しいでしょう。

学年が上がるほど、授業の内容は難しくなり、ますます集中しづらい状況になって

くると思います。

「集中できなくて怒られる」→「気分が不安定になる」→「また集中できなくて怒られる」……。

こういう悪循環が続くと、本人が自信を失い、「どうせ無理なんだ」と諦めてしまうこともあります。

そうすると授業の内容についていけず、勉強が苦手や嫌いになったり、周りのお友だちに迷惑をかけてクラスで孤立してしまったりなどと、学校生活そのものに影響が出ることもあるでしょう。

なるべく早い段階から、担任や周りのお友だちの協力もあおぎつつ、学校や家庭でできる対策をしましょう。

対策1　教室の環境を変える

運動場で他のクラスが体育の授業をしていたり、廊下をだれかが通ったり、黒板のそばの本棚に気になる本があったりすると、そちらに目や耳が向いて、気になってしまうことがあります。

こういうときは授業中の環境を先生に確認してみましょう。窓側や廊下側の席は、外の景色や音が気になります。**席を替えてもらえないか相談**してみてもよいでしょう。仲がよくてついしゃべってしまうお友だちとも、席を離してもらったほうがよいかもしれません。

また、黒板のそばに本棚や気になる掲示物がある場合は、カーテンなどで目隠しをしてもらえないか聞いてみましょう。

机や椅子を引きずる音が気になる場合は、テニスボールなどで脚をカバーできないか、相談するといいですね。

集中できないときは、「目を閉じて深呼吸をする」などの習慣を決めて、少しずつセルフコントロールができるようにしましょう。

対策1 気が散りやすいので、目や耳に入る情報を必要最小限にする

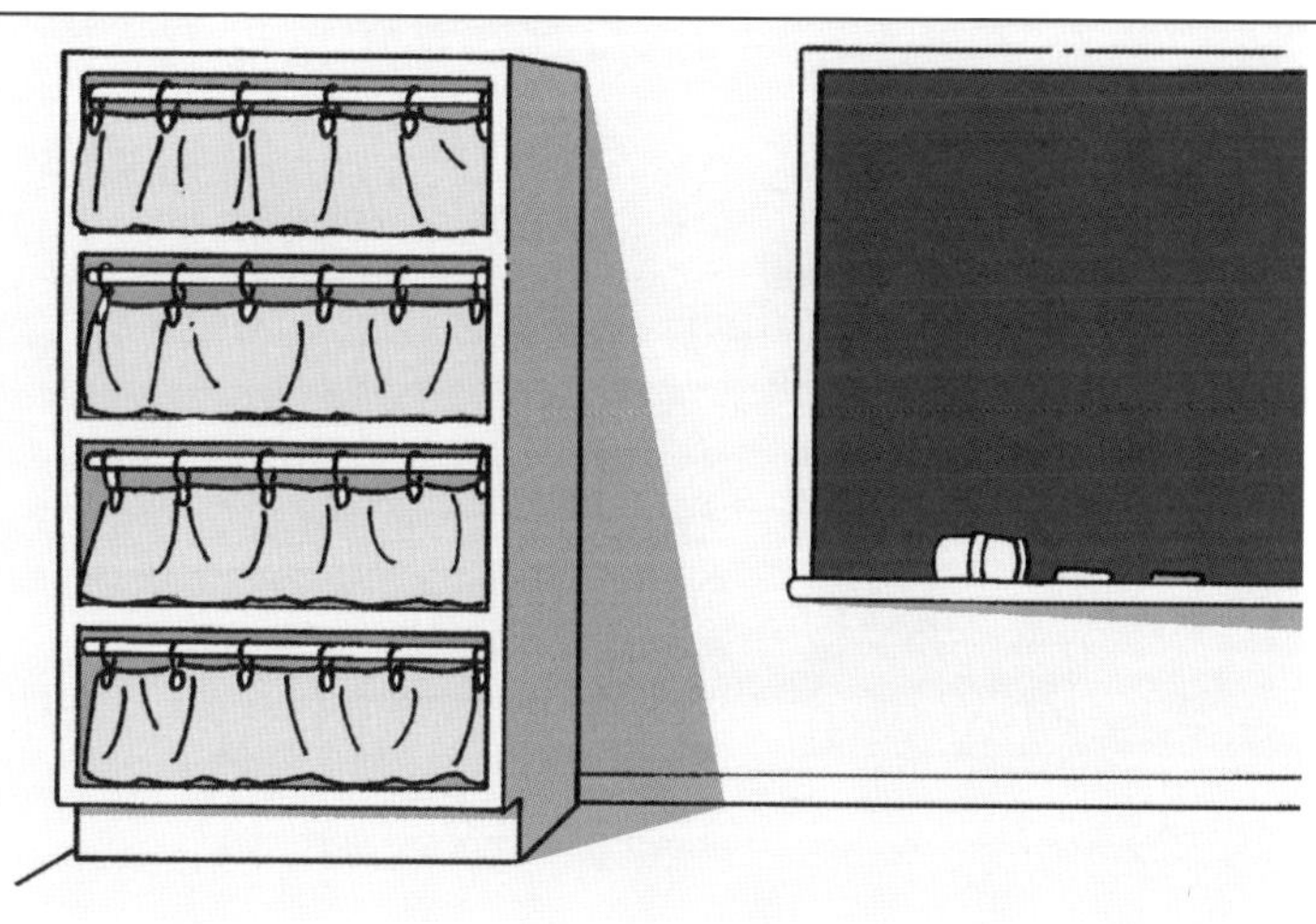

対策2 席を離れるときのルールを教える

子どもが授業中、席を立つのには理由があります。お子さんに理由を聞いてみましょう。

自分から答えられないときは、「トイレに行きたいから？」「お話が難しいから？」と推測して尋ねてみるといいでしょう。

ただし、これはお子さんが理由を言える場合です。お子さんがうまく理由を言えないこともあるでしょう。そんなときは、席を立つときのルールを教えます。

手を挙げたり、先生の近くに行くようにし、**許可がもらえたら席を離れてもよいこ**

対策2 point 声かけと視覚的な目印で、質問してもよいタイミングを知らせる

とを伝えましょう。

お話が難しくてわからないときは、「わかりません」。

トイレに行きたいときは、「トイレに行ってきてもいいですか」。

休みたいときは、「休憩したいです」。

実際に、席を離れたいときのことを想定して、それを守って動けるように家庭で練習してみましょう。

「先生、質問です」「これがわかりません」など、シンプルなセリフを紙に書いて筆箱の中などに入れておくと、授業中も迷わず行動できるでしょう。

質問するタイミングを教えることも大切です。「先生が説明をしているときや、お

対策 3 point 前に出てきて先生の補助をさせ、他の子どもに迷惑がかかるのを回避

友だちが質問をしているときは×」「『質問がありますか？』と聞かれたときや、『どうぞ』と言われたときは○」など、わかりやすく伝えてあげます。

また、「質問ＯＫ」「だまって聞く」などの目印を先生の机の上に立ててもらうのもよいでしょう。

対策3 役割や行き先を準備する

どうしても座り続けるのが苦手な子には、役割を作って、立ち上がるタイミングを用意してあげるのもよいでしょう。

プリントを配付したり回収したりする係や、教材を支えたりなど授業のお手伝いを

する場面を作ってもらえないか、先生に相談してみてもいいと思います。

また、どうしてもがまんできず衝動的に飛び出してしまう場合に備えて、**本人が安心できる行き先を、先生と共有しておく**のも重要です。

無理やり座らせようとすると、パニックを起こす場合もありますので、子どもに席を立つ理由を聞き、適切なクールダウンの場所を探してあげましょう。「トイレ」「保健室」「図書室」など、行き先の場所を書いたカードを作って、飛び出す前に本人が先生にカードを渡せるようにするといいですね。

立ち歩きなどの行動は、高学年ごろになると、落ち着いてくることも多いようです。叱って注意するだけではなく、子どもの視点に立って、様々な工夫をしてみてください。

まとめ

刺激を少なくして落ち着かせ、「立ち歩き」を他の子の迷惑にならない行動に置き換えてあげられるといいですね。

うちではこうしました！

- 自作の絵カードや紙芝居などを作って、立ち歩くのはみんなの迷惑になること、かっこ悪いことなどを、帰宅後と登校前に毎日話しています。（6歳男児）
- 椅子に座っていられない、黒板に書いてしまう、他の子にちょっかいを出す、廊下に出る、学習内容以外をやる、などの行動が見られ、2学期から転校し特別支援学級へ。通常学級の情報量は、ワーキングメモリがいっぱいになってしまっていたよう。特別支援学級では、落ち着いて取り組んでいます。（8歳男児）
- 課題が早く終わってしまうので、その空き時間にお友だちにちょっかいを出してしまったり、立ち歩いてしまったりすることがあります。配布物をお願いするなどの仕事をさせても、配り方が雑だったり乱暴になってしまったりすることもあり、結局は好きな本を読むなどが今のところは一番いい様子。（7歳男児）
- 教えられることをいやがりますが、先生にお任せしています。イライラしたら、クールダウンのために静かな場所に移動しているようです。（8歳男児）
- 担任が「できたよカード」を作って机に貼り、朝、その日の目標を設定。授業時間ごとに守れたらマルを付けて、放課後に確認。担任やクラスメイトからほめられることで自信につながり、本人もマルを増やそうと努力しました。（9歳男児）

ケース

2

教室移動を忘れたり遅れてしまう

わざとではなく状況が見えていないだけかも

音楽や理科、家庭科など、学年が上がるほどに、教室移動は増えていきます。

発達障害やグレーゾーンのお子さんには、**作業に没頭していて、気が付けば周りに人がいなかった**ということや、「持ちものを用意して廊下に並びなさい」というクラス全員へ向けられた先生からの指示が自分事として耳に入らず、同じように動けなくて怒られた経験があるかもしれません。

「用意をして」の部分で、何を用意してよいのかわからない子もいたりします。

こんなとき、本人としては、単に周りの状況に気付いていなかったり、作業に没頭しすぎて次の予定を忘れてしまっているだけのことが多いです。

対策1 point 声かけだけでは気付かないときは、肩をそっとたたくなどして知らせる

対策1 個別に声かけ＆特性に合った伝え方を

まずは担任の先生に、「今、みんなはどうしているかな？」など、周りの状況に気付けるような声かけを、個別にお願いするとよいでしょう。

周囲を見て、子どもがあわてて用意をし始めることができたら、ほめてもらいます。

個別の声かけに子どもが何のアクションも起こさないときは、「○○君、次は音楽だから、リコーダーと教科書を持って廊下に行こう」などと、取るべき行動を具体的に伝えてもらいましょう。

それを繰り返すことで、次第に「周りは

どうしてる?」の声かけだけで動けるようになっていくと思います。

先生だけでなく、お友だちの力も借りて、「次は〇〇だよ」と声をかけてもらうなどの配慮をお願いしてもよいでしょう。

ただし、中には耳で聞いただけではうまく理解できず、行動に移せない子もいます。視覚情報の理解が強い子には、目で見てわかるように書いて示す方法がおすすめです。担任の先生にお願いをして、黒板に「次は音楽室」、持っていくものは「リコーダー、教科書」などと書いてもらうとよいでしょう。

子どもの中には、短く簡潔な言葉で指示をしたほうがいい子もいれば、なぜそれをするのかをていねいに説明したほうがいい子もいます。

紙に書いて渡したほうが理解できる子や、体に触れて注意を向けてから伝えたほうがいい子もいます。

日ごろから、どういうふうに伝えるとわが子が動くのか、いろいろな方法を試して、その子の特性をまず親が理解してあげましょう。そして、どんな伝え方だと子どもが理解できるのかを、担任の先生に伝えておくといいと思います。

対策 2 point 教科書やノートを科目別に1セット化。まとめておくと持ち運びが便利

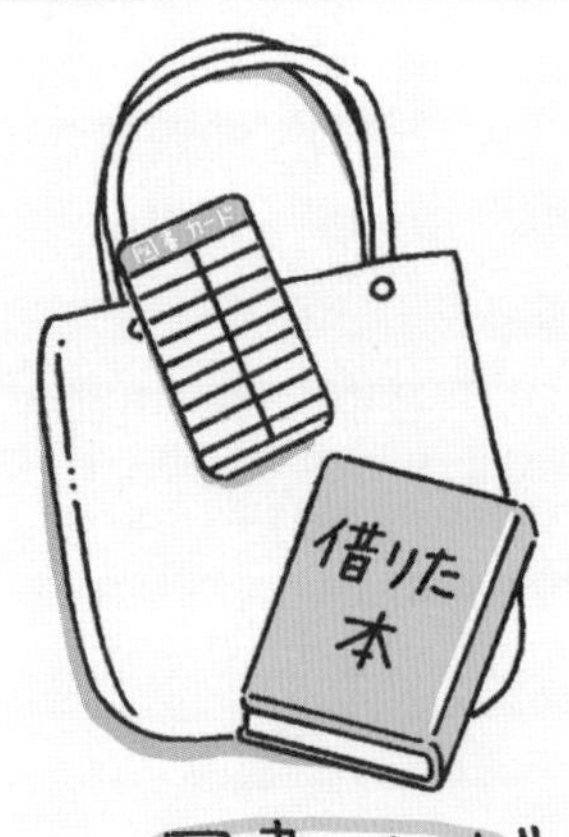

対策 2 移動教科ごとに持ちもののバッグを用意

教室移動の際、教科書、ノートなどの道具を用意するのに時間がかかる子におすすめなのは、「図工バッグ」「音楽バッグ」「図書バッグ」など教科や用途ごとに必要な道具をセットにしてまとめておく方法です。

バッグを持ち運ぶだけなので子どももラクです。教室移動のときも、**もたつくことなくスムーズに移動できる**と思います。

最近は、「自分で時計を見て行動できるようにする」という理由から、始業や終業

うちではこうしました！

- 授業が終わったら一目散に校庭に遊びに行くか、本に没頭するかで、次の授業が教室移動だなんて考えてもおらず、いつも移動が遅れます。しかし、クラスの女の子たちが彼の特性を理解し、「次は音楽室だよ」などと世話を焼いてくれているようで、本当に助かります。息子には、彼女たちに感謝するように、いつも言っています。（10歳男児）

時のチャイムを鳴らさない小学校もあります。

しかし、視覚や聴覚からの合図なしには切り替えられない子も多いので、学校でタイマーを導入してもらえないか、提案してみるのもよいでしょう。

まとめ

教室移動にもたつく子は、持ちものをひとまとめにしておくと、移動がスムーズです。

ケース

3

整理整頓が苦手で、ものをよくなくしたり忘れたりする

担任に協力をしてもらって「見える化」する

家での整理整頓ができない子は、たいてい学校の机の中やロッカーの中もぐちゃぐちゃということが多いでしょう。

片付けるのが苦手な子は、何も見ずにお道具箱やランドセルにものを突っ込む習慣があります。ひどいケースだと、お道具箱から鼻をかんだティッシュや、なくしたはずの消しゴムが無数に出てきたり、ランドセルから数週間前に配られたプリントがしわくちゃになって出てきたりします。

授業中にお道具箱から三角定規や色鉛筆などをすぐ出せなかったり、移動教室の際に必要なものが見つからず移動が遅れたりすると、学習にも影響が出てしまいます。

また、持って帰らなければいけないプリントや給食袋などを忘れると、保護者から

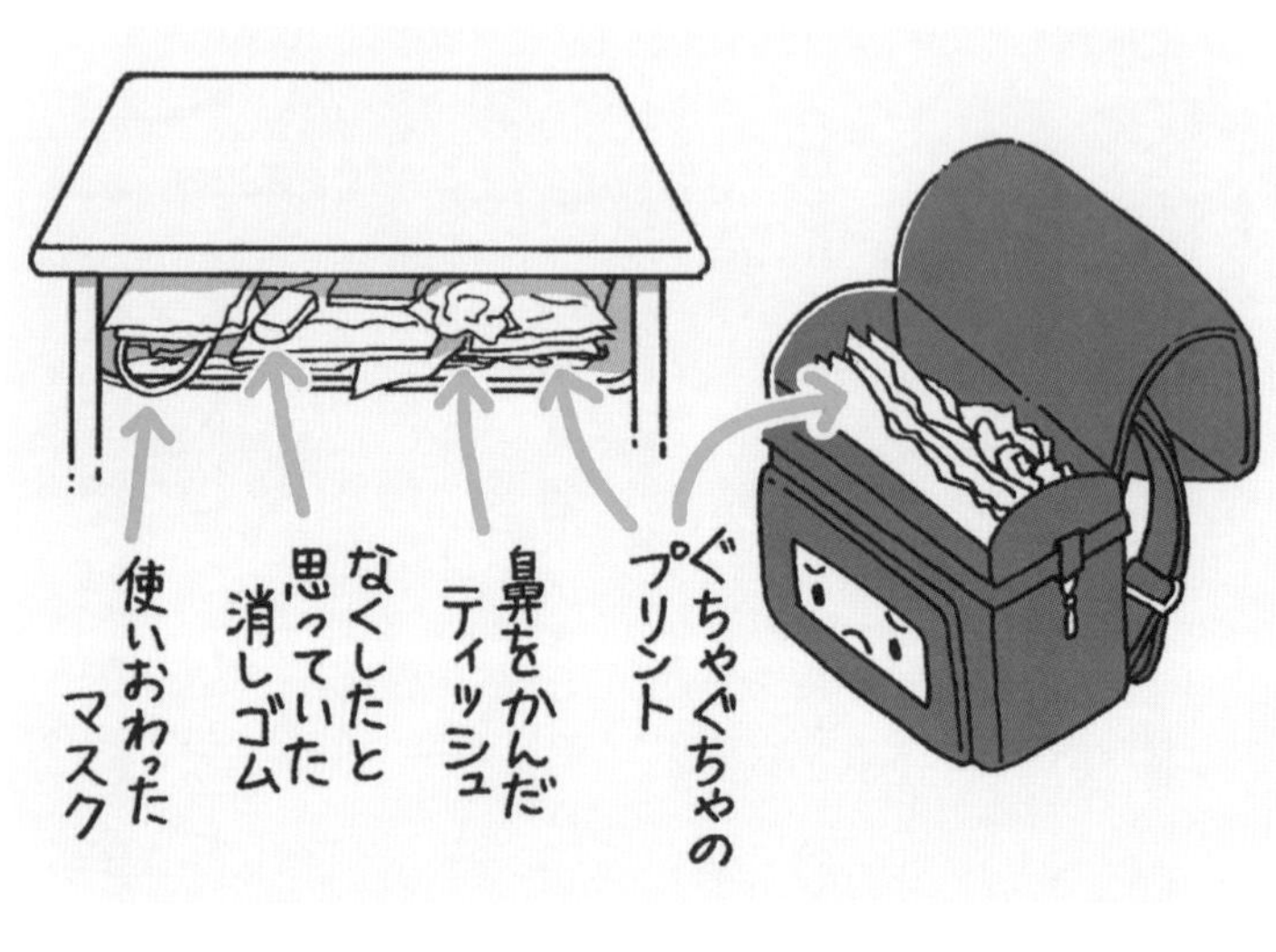

先生への提出物が遅れたり、忘れたものを学校へ取りに戻ったりと、大変です。

ものの管理が苦手な子の場合は、**片付ける場所がひと目でわかるようにしたり、なるべく簡単な収納を心がけたり**と、担任の協力をあおぎながら、工夫をしましょう。

対策1 片付ける場所を見てわかるように示す

片付ける場所を何度教えてもぐちゃぐちゃになる場合は、目で見て片付ける場所がわかるようにしましょう。

ランドセルを置いた状態のロッカーや、ものを並べた状態のお道具箱の写真を撮り、それぞれロッカーやお道具箱の中に貼

対策1 整った状態の見本写真を目に付くところに貼る

ります。子どもが整理整頓できないことを事前に先生に伝えて、許可を取っておきましょう。

ランドセルには、学校から持って帰るもののリストを貼っておくとよいでしょう。「木曜は体操着」「金曜は上靴」など、曜日ごとに持ち帰るものをリストにして、ランドセルのふたの裏などのよく見える位置に貼ります。

また、「プリントを入れるのはここ」と子どもと決めて、「プリント入れ」などのラベルをランドセルに貼るのもおすすめです。

対策２　黒板など目に付く場所に、時間割と準備物を示す

point

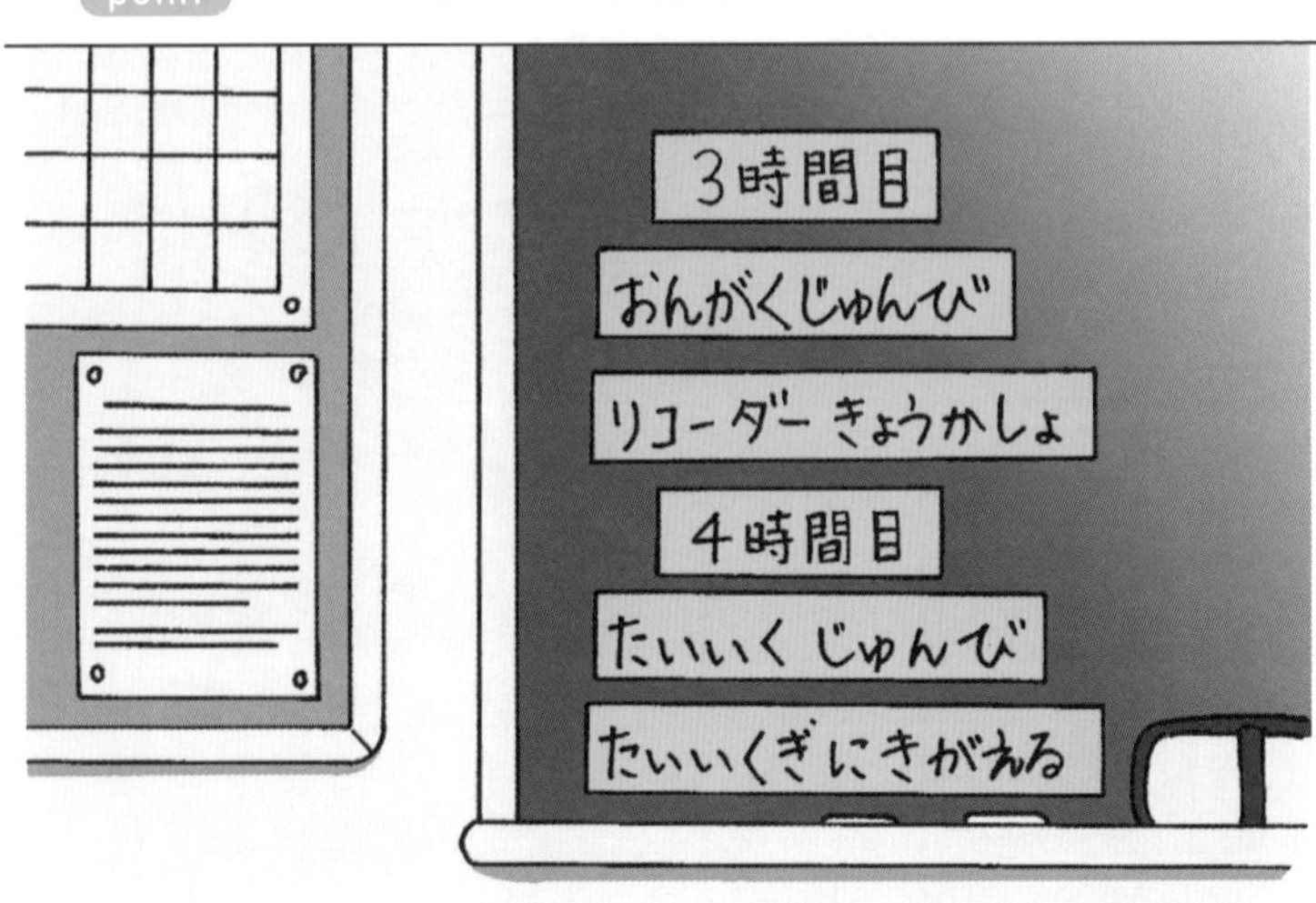

3時間目
おんがくじゅんび
リコーダー きょうかしょ
4時間目
たいいくじゅんび
たいいくぎにきがえる

対策2

休み時間に次の授業の準備をさせる

身の回りの整理整頓がなされていないと、授業が始まってから「ノートはどこ?」「コンパスは?」などと混乱し、授業に集中できないことがあります。

次の授業の準備をしておけばスムーズに学習に入れますので、担任に子どもの特性を相談して、毎日、黒板に「時間割」と「それぞれの準備物」を書いてもらえないか相談をしてみるといいでしょう。

「3時間目・音楽　リコーダー、教科書」などと書いてもらえると、**授業が始まってからあわてて探すといったことを減らせま**

郵 便 は が き

（切手をお貼り下さい）

１７０-００１３

（受取人）

東京都豊島区東池袋 3-9-7
東池袋織本ビル４Ｆ

㈱すばる舎　行

この度は、本書をお買い上げいただきまして誠にありがとうございました。お手数ですが、今後の出版の参考のために各項目にご記入のうえ、弊社までご返送ください。

お名前	男・女	才
ご住所		
ご職業	E-mail	
今後、新刊に関する情報、新企画へのアンケート、セミナー等のご案内を郵送またはＥメールでお送りさせていただいてもよろしいでしょうか？ □はい　□いいえ		

ご返送いただいた方の中から抽選で毎月３名様に
3,000円分の図書カードをプレゼントさせていただきます。

当選の発表はプレゼントの発送をもって代えさせていただきます。
※ご記入いただいた個人情報はプレゼントの発送以外に利用することはありません。
※本書へのご意見・ご感想に関しては、匿名にて広告等の文面に掲載させていただくことがございます。

◎タイトル：

◎書店名（ネット書店名）：

◎本書へのご意見・ご感想をお聞かせください。

ご協力ありがとうございました。

対策3 point 対応方法をメモして目に付く場所に入れておく

わすれものに きづいたら
①せんせいにいう
②ともだちにかりる
③いえに でんわする

す。黒板に書くのが難しい場合は、小さいホワイトボードや紙に書いて子どもの机に置くなどの工夫を相談しましょう。

授業が終わったあとは、「リコーダーはロッカーに片付けよう」などと、ひと声かけてもらうことで、少しずつ子どもの整理整頓の習慣が付くでしょう。

対策3 忘れたときの対応を事前に決めておく

物事を整理して忘れものをなくすためには、連絡帳に持ちものを書くことも大切です。自分の手を動かして文字を書くという作業は、頭の中に入ってくるいろいろな情報を交通整理してくれます。

しかし、連絡帳に持ちものを書く時点で注意力が途切れて書き忘れてしまう子や、文字が乱雑で、あとから何を書いたのか自分でも読めなくなってしまう子など、いろいろなケースがありえます。できるだけ学校で**書く負担を減らす工夫**をしましょう。子どもが書くのが面倒だと言う場合は、「もちもの」「しゅくだい」などの毎日書く決まりきった項目を家庭でまとめて書いておくなどしてもいいでしょう。スタンプやシールなどを使うのも手です。

担任の先生に相談をして、「こくごのプリント」を「このプ」、「しゅくだい」を「しゅ」などと略して書いてもよいことにしてもらえると、よりラクになります。

また、忘れもの予防も必要ですが、パニックにならないように、忘れてしまったときの対応を事前に決めておくと安心です。先生に伝える、お友だちに借りるなど、助けを求める練習をしておくとよいでしょう。

まとめ

目に見える形で示すことが、整理整頓のコツ。

うちではこうしました!

- 机の上やランドセルの中がぐちゃぐちゃ。完璧を求めずに、不要なものを捨て、大切なものをなくさないことを最低限させています。(10歳男児)
- 「片付けて」ではなく、具体的に「この鉛筆を筆箱に入れて」などの指示出しをしています。(7歳男児)
- 学校的に、国語と算数の教科書・ノート以外は学校に置いておいてもOKなので、持ち帰ってくるものが少なくて済んでいます。家でものがぐちゃぐちゃにならず、なくなりもしないので助かっています。(11歳男児)
- 目に付くアイテムが多いと管理ができません。学校では対策として、机の横に手提げバックを下げるようにしてもらいました。机に押し込んだり置いた場所を忘れたりと、いまだにやりますが、管理できる数が少しずつ増えてきています。(8歳女児)

ケース

4

集団生活のルールを守らずマイペースな行動が目立つ

そもそもルールを理解できていないのかも

小学校は保育園や幼稚園とくらべて集団行動が多くなるため、ルールが格段に増えます。ルールに慣れていないお子さんは、たくさんのルールを覚えるのが難しく、戸惑うことも多いでしょう。

また、自分のルールやペースにこだわるお子さんの場合、集団のルールを守れずに行動してしまうことがあり、周りから迷惑がられてしまうこともあります。

反対に、ルールに過剰適応してしまい、少しでもルールを守れないお友だちがいると、過剰にその子を責めてしまったりする子どももいます。

また、耳から聞いた情報を理解するのが苦手な子は、最初にルールを聞かされてもすぐに忘れてしまうことがあります。そもそものルールを理解できていないので、自分に都合の悪いことが起こると、勝手にマイルールを作ってしまうこともあるのです。

また、周りが「言わなくても当たり前」だと思っている暗黙のルールも、きちんと口に出して言われなければわからない子もいます。

自分のルールやペースがあることは悪いことではありませんが、**集団の中では、自分のルールと集団のルールの折り合いを付けていく、あるいは、その付け方を学ぶことが大切です。**

集団ルールや流れを、場面別にわかりやすく見える化して伝えていくとよいでしょう。

対策1 具体的に短い言葉で指示をする

ルールを破ったときに、「何やってんの！」「ダメでしょ」などのダメ出しや禁止を連発しても、子どもには伝わりません。自分が否定されたと思って、かえって反発してしまうことも多いでしょう。

「チャイムが鳴ったら教室に入るんだよ」「2班はこの椅子に座るんだよ」などと、具体的な言葉で伝えてもらえるよう、先生やお友だちにも協力してもらいましょう。

対策1 ルールはできるだけ短い文章と絵で伝える

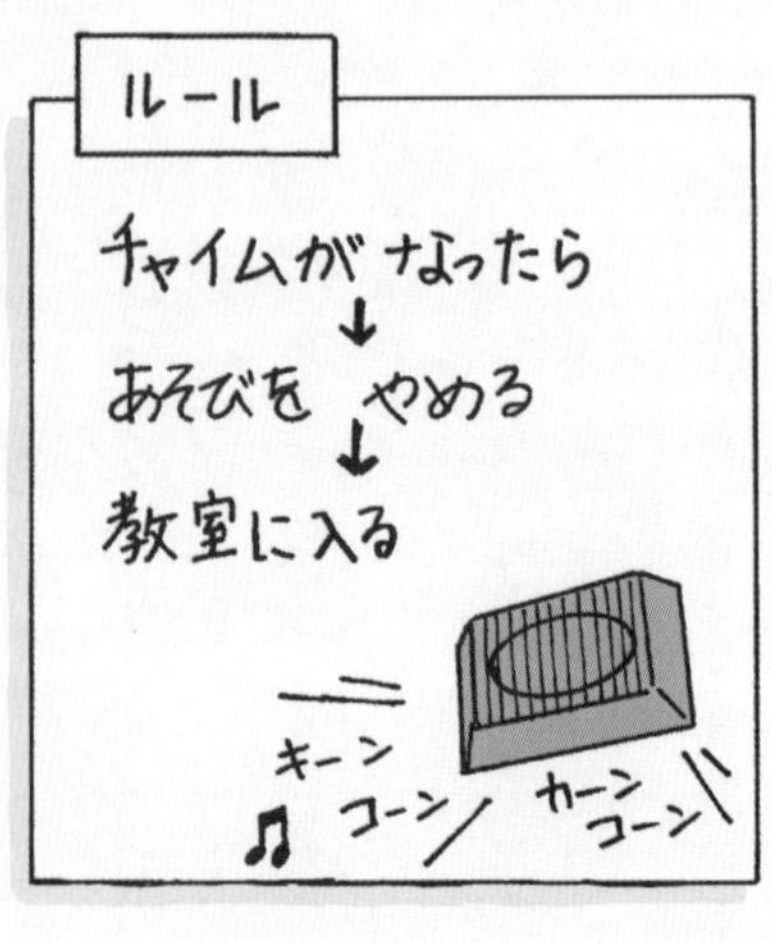

自分なりのルールにこだわりのある子の場合、ルールを説明しても納得できず、大声を出して暴れたり、ふてくされたりすることがあります。

こちらも感情的になって大声を出すとエスカレートするので、**いつもと変わらない態度で具体的に短い言葉で説明**をしましょう。そのときは興奮して理解できなくても、気持ちが落ち着いてから納得できる場合もあります。

ルールは、いつでも見て確認できるように短い文章で示しておくとよいでしょう。

耳で聞くよりも目で見たほうが覚えやすい子の場合は、ルールを文字やイラストにして伝えます。ルールは長い文章ではな

対策2 point なぜ、そのルールがあるのかを子どもに伝わる言葉で説明

ルール　チャイムがなったら教室に入る

チャイムは次のじゅぎょうを
みんながそろって始められるための合図です。
チャイムがないと、みんながバラバラに
あつまってしまいます。
早い人は待っている間にイライラするし、
おくれてきた人は怒られてしまいます。
先生は、いやな気持ちになってしまいます。
なので、チャイムがなったらあそびをやめて、
教室に入るというルールをみんなで守ることが
大切です。

く、箇条書きなど短い文章にすることをおすすめします。

小さいノートにまとめて、お子さん専用のルールブックを作り、必要なときに子どもがすぐに見て確認できると便利でしょう。

対策2 ルールの重要性を理解させる

学校では、絶対に守らなければいけないルールは、教室に貼られていることもあります。

しかし、何も言わなければ子どもは見過ごすもの。できれば先生に、なぜそのルールがあるのかを子どもたち全員に説明して

もらい、ふだんからルールに気付けるように配慮してもらえるといいでしょう。

ルールは理解し納得できないと、大人だって守れません。先生に、なぜそのルールがあるのか、重要性を納得できるまで具体的に説明してもらえるといいですね。

子どもがルールを守れたら、たくさんほめてあげましょう。お子さんのルールやペースを無理に崩そうとするのではなく、**集団での適切なルールをインプットすること**を目指してみてください。

対策3 家庭で期間を決めてルールを守る練習をする

頭では集団のルールを理解していても、つい自分のルールを優先してしまうこともあります。

まずは**家庭で小さなルールを守る習慣を付けて、自己コントロールの練習**をしてみるといいでしょう。

「ランドセルは床に放り出さず、棚の上に置く」など、守りやすい小さな目標を決めて約束します。その際、「ランドセルがリビングの床に放りっぱなしだと、家族が通れず迷惑するよね」などと理由も伝えましょう。

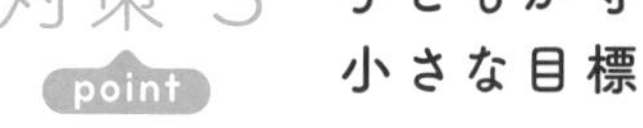

子どもが守りやすい小さな目標設定から始める

決めたルールは、目の付きやすい場所に貼り出して、守れたらシールを貼っていくなど視覚的にもフィードバックしましょう。

その後、そのルールを守る期間を決めます。達成までの期間が長いと、モチベーションが続きにくいので、**一日から一週間くらいまでの短い期間**を設定しましょう。

子どもにサインさせたり、親が評価する欄を作ったり、守れたときのごほうびや守れなかったときのペナルティも書いておくと、子どものやる気につながります。

ルールや時間、約束事は、必ずお子さんと一緒に決めて、口約束にせず、ちゃんと紙に書いておくことをおすすめします。

最初の期間を達成したら、少しずつ期間を延ばしたり、違うルールに挑戦したりするとよいでしょう。

うちではこうしました！

- 周りを見て合わせることが難しいので、チャイムが鳴っても次の行動へ移れなかったり、準備や片付けが間に合わなかったりすることが全般的にあり、ストレスフルになっています。学校のルールを家でも図示化しつつ、ざっくり教え（細かく言うとこだわるので）、手順表を机に置いてもらったり、保護者自身もサポートをしに行ったりしています。（6歳男児）

まとめ

まずは子どもが達成しやすい約束事から期間を決めて始めてみましょう。

ケース

5

係や当番の仕事を忘れたり最後までやらない

「いやだから」以外の理由があるのかも

小学校ではたいてい、「配付係」「いきもの係」などの係の仕事や、給食や掃除などの当番が決まっています。また日直などの仕事も割り当てられることもあるでしょう。

しかし、自分の仕事を忘れたり、当番の途中で遊びに誘われて、仕事を放り出して遊びに行ってしまうお子さんがいます。

周りのお友だちや先生に怒られて、いやな思いをしているお子さんもいます。

ある男の子はいつもマイペースに支度をするため、係の仕事に加わるころには、他の子がすべて終わらせてしまい、いつも「やることがない」という状況だそうです。

また、くじ引きで決まった係の仕事が自分の好きなことではなかったり、係の仕事に意義が見い出せなくて、やる気が出ないと感じる子もいます。

あ〜
また
あっちに
タマムシいたぜ
ホント！
つかまえ
ようぜ

こういう場合は、担任の先生の協力をあおいで、仕事に間に合うように支度を急がせたり、本人の希望を聞きつつ仕事の意義を説明してもらうといいかもしれません。

また、係の仕事は、やって当たり前というのではなく、係活動の中で具体的な個人目標（料理を皿にこぼさず盛りつけるなど）を立てて、達成したらみんなでほめるなどの動機付けをあげるしくみも重要です。

なぜ係や当番の仕事をまっとうできないのか、本人や担任の話を聞きながら理由を探って、対応策を考えていきましょう。

対策1 仕事の内容や手順を理解させる

対策1 point 「いつ」「どこで」「何をするのか」を分けて手順表を作成

にっちょくのしごと			
	いつ	どこで	なにをする
☑	じゅぎょうのまえ	じぶんのせき	あいさつ「きりつ・れい」
☑	じゅぎょうのあと	こくばん	こくばんをけす
☐	きゅうしょくのはじめ	みんなのまえ	あいさつ「いただきます」

「明日は日直」「授業のあとに係の仕事がある」ということはわかっていても、子どもがその内容や手順を理解していなかったり、忘れてしまったりすることがあります。

そんなときは、事前に担任の先生に仕事の内容を聞いておき、「手順表」を作りましょう。

仕事内容を「いつ」「どこで」「何をする」に分けて書くと、理解しやすいです。大切なことに色ペンで印をつけたり、仕事のイメージを絵にしてもいいでしょう。

「机をふく」「窓を閉める」など、**家でもできる仕事があれば、練習をしておくと尚いい**ですね。手順表を学校に持って行けば、安心して仕事が進められると思います。

対策2 point わからないことを人に上手に聞けるように練習

授業のあと
黒板をきれいに
消してね
にっちょくは
なにをすれば
いいですか？
先生役→

対策2 わからないときは周りに聞くよう促す

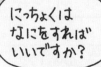

わからないことがあった場合は、「だれに」「どのように」聞いたらよいのかを明確にしてあげると、スムーズに取り組みやすくなります。

係や当番の仕事について、「明日の係は何をするの？」などと質問して、本人が理解しているかをどうか確かめます。仕事への不安があれば、先生やお友だちに聞くように促すとよいでしょう。

当番の日は、朝の会などで、先生にその日の当番を確認してもらえるよう、お願いしておくことをおすすめします。

対策3 point 親子でシミュレーションをして断り方のバリエーションを増やす

また、仕事の途中で何をすればいいのかわからなくなったときのために、だれにどう聞けばいいのか、お子さんと事前にシミュレーションをしておきます。

困ったことや苦手なことがあったときに周囲に助けを求める習慣はとても大切です。係や当番の仕事をきっかけに、周りにフォローを頼んだり、お礼を言ったりする練習をしておきましょう。

対策3 優先順位を考えて行動できるように練習する

係や当番の仕事をしているときに遊びに誘われると、つい途中で投げ出したくなることもあるでしょう。

誘惑があっても、優先順位を考えて行動できるようになるためには、少しずつ家庭で練習をしていくことをおすすめします。

たとえば、掃除の最中に遊びに誘われ、掃除道具をほったらかしにして遊びに行ってしまう子の話をしたうえで、「この子のやったことをどう思う?」と聞きます。子どもが「ダメ!」と言ったら、「どうしてダメなのかな?」「どうすればよかったかな?」と質問をして一緒に考えます。

「係の仕事が終わったら遊ぼうよ」「今日は当番があるから、ごめん。明日遊ぼう」など、**いろいろな断り方のセリフ**を考えてみましょう。

断ることが苦手な子は、つい小さい声になったり、下を向いたりすることもあります。相手に聞こえる声の大きさや、相手の目を見て断るなど、相手に伝わる断り方を親子で練習するとよいでしょう。上手に断れたら、ほめてあげてください。

まとめ

係や当番の仕事の内容や手順を理解させて、最後までやり遂げたら、思いきりほめてあげましょう。

うちではこうしました！

- 環境委員の仕事を任されたのですが、魚の飼育方法がはっきりわからなかったようで、登校できなくなりました。そこで、担当教員から手順や餌の量、やり方などを写真付きの用紙で作成してもらい、不安を解消してもらいました。（10歳男児）

- 係の仕事が終わったら遊べると思っていたのに、時間がなくなり遊べなくなってしまったことがありました。以来、係の仕事が大っ嫌いになってしまったと先生から伺い、説得方法をいろいろと探していました。最近忍者が本人のマイブームだったので、「係の仕事（人数調べ）は、忍者のお仕事と同じだよ」と説明したところ、張り切って取り組むようになったようです。（6歳男児）

ケース

6

状況の切り替えが苦手

学校は活動の「切り替え」「急な変更」が多い場所

学校の中では、授業と休み時間など、活動を切り替えて次の行動をしなければならない場面がたくさんあります。

一つの作業に過集中してしまう子は、終わりの合図やチャイムが鳴っても、なかなかやめようとしないことが多いです。活動に熱中しているときに、無理にやめさせようとすると、暴れたり泣いたりしてしまうこともあります。

また、学校ではいつも時間割通りに物事が進むわけではありません。天候次第で体育のプールが中止になったり、先生次第で授業の科目が変わったりすることもあります。**急な変更**も受け容れなければなりません。

こうした活動の切り替えについていけなかったり、急な変更を不安に感じたりする

ときは、どのように対応するとよいのでしょうか。

切り替えが苦手なお子さんの不安を軽くできるサポートを考えてみましょう。

対策1　始める前に「終わりの時間」を伝える

一つのことに過集中になりやすい子には、あらかじめ「○時までだよ」と、終わりの時間を具体的に決めて知らせておくよう、担任の先生にお願いするとよいでしょう。

さらに視覚でも確認できるように、「○時まで」と黒板に書いたり、音の鳴るタイマーをセットしてもらえるといいですね。

ただし、時間を忘れて没頭するタイプの子の場合、集中していると、時間をマメに確認することは難しいと思います。

「いきなり終了と言われた……」とならないように、終了の時刻が近づいたら、「あと3分で終わりだよ」などと**残り時間を伝えてもらうとよい**でしょう。

たとえば授業と同じ45分に設定し、「タイマーが鳴ったら作業途中でも終わりにする」というルールを決めておくのもいいですね。

始める前に、「タイマーが鳴ったら終わりだよ」と伝え、終了時刻が近づいたら、残り時間を伝えてもらいます。

「時間がきたら作業途中でも終わり」という感覚に慣れさせることが大切です。

子どもの中には「作業を完了するまでやめたくない！」と言う子もいます。

そういう子は、次にいつ作業を再開できるのかを不安に思っていることが多いので、「授業が終わったら、休み時間の間は続きをしていいよ」などと、活動の続きが「いつ」「どれくらい」できるのかを合わせて伝えてあげましょう。

対策1 point いつ再開できるのかを伝えてあげると子どもも安心できる

具体的な見通しがつき、活動の途中でも切り上げられるようになるかもしれません。

タイマーにも一工夫

おうちでも、日ごろから切り替えの練習をしておくとよいでしょう。

「時間がきたから終わりにしよう」と、子どもが前向きに思えることが大切なので、タイマーも、子どもが関心を持ちそうなものを使うとよいでしょう。

たとえば、次ページに挙げた「ねずみタイマー」は、時間を設定すると、ねずみがリンゴを食べる動画が始まり、最後にごほうびのチーズが食べられるようになってい

時間の長さが見える「ねずみタイマー」（株式会社LITALICO）
https://app.litalico.com/mousetimer/jp.html

ます。

リンゴを1個食べるのに10秒かかるようになっており、子どもが楽しく時間感覚を学べるのでおすすめです。

こうした楽しいタイマーだったら、好きな作業をしている途中でも、「終わるのいやだな……」という後ろ向きな気持ちが薄れて、楽しく切り替え練習ができると思います。

対策2 急な予定変更は早めに伝える

学校では、急な変更がよくあります。

事前に、これからどうなるのか視覚的にわかっていれば、心の準備ができ、対応も

対策2 point 変更をあらかじめ伝えておくことで心の準備ができる

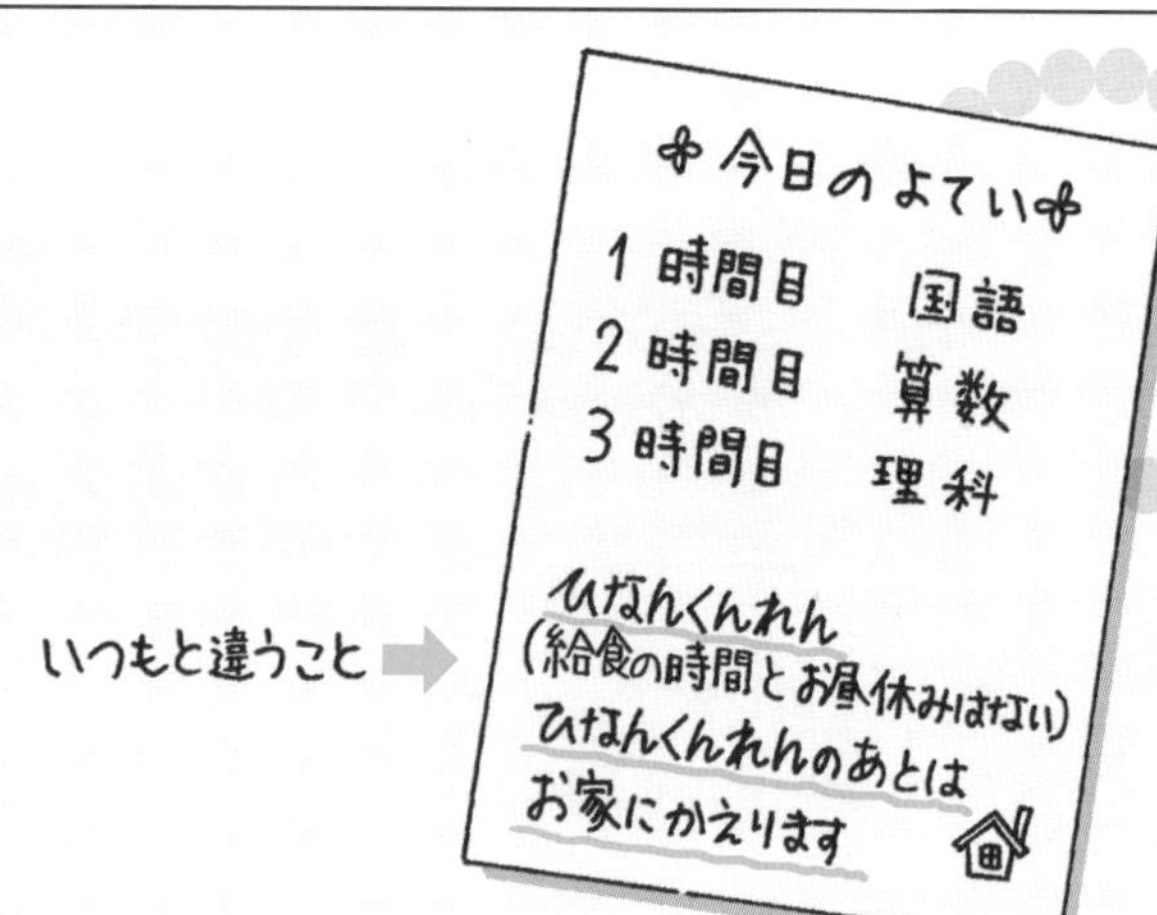

今日のよてい
1時間目　国語
2時間目　算数
3時間目　理科
いつもと違うこと
ひなんくんれん
（給食の時間とお昼休みはない）
ひなんくんれんのあとは
お家にかえります

考えることができますが、急な変更があったり、自分の思い通りにならないことがあると、大人だってストレスが溜まるもの。子どもも同じです。

変化に対応することが苦手なお子さんは、「いつもと違うこと」があると、大きな不安を感じて感情が高まってしまうことがあります。

予定が変更になるときは、活動を始める前に、なるべく早めに伝えましょう。

どうなるかまでは未定でも、変更になりそうな場合は、「雨が降ったら、体育は運動場ではなく体育館でやるよ」「来月は席替えをするよ」などと、あらかじめ伝えておくとよいでしょう。

予定の変更は、直前よりも事前にわかっていたほうが心の準備ができます。「急な変更」にならないようにすることが大切です。

対策3 予定の変更を目で見てわかるようにする

急な変更があったときは、口頭だけでなく、本人が目で見て確認できるように、理由をホワイトボードや紙に書いて示すようにしましょう。

もとの予定と、変更した新しい予定がわかるように書き出して、変更の理由を短い言葉で記しておくと、子どもも見通しがつきやすく、理解しやすくなります。

もしお子さんがかんしゃくを起こしてしまったときは、「急に変わってびっくりしたよね。ごめんね」などと共感してあげると、落ち着きを取り戻しやすいかもしれません。

気持ちを切り替えることができたら、落ち着けたことほめてあげましょう。

対策3 point 見て確認できるように変更の「内容」と「理由」を示す

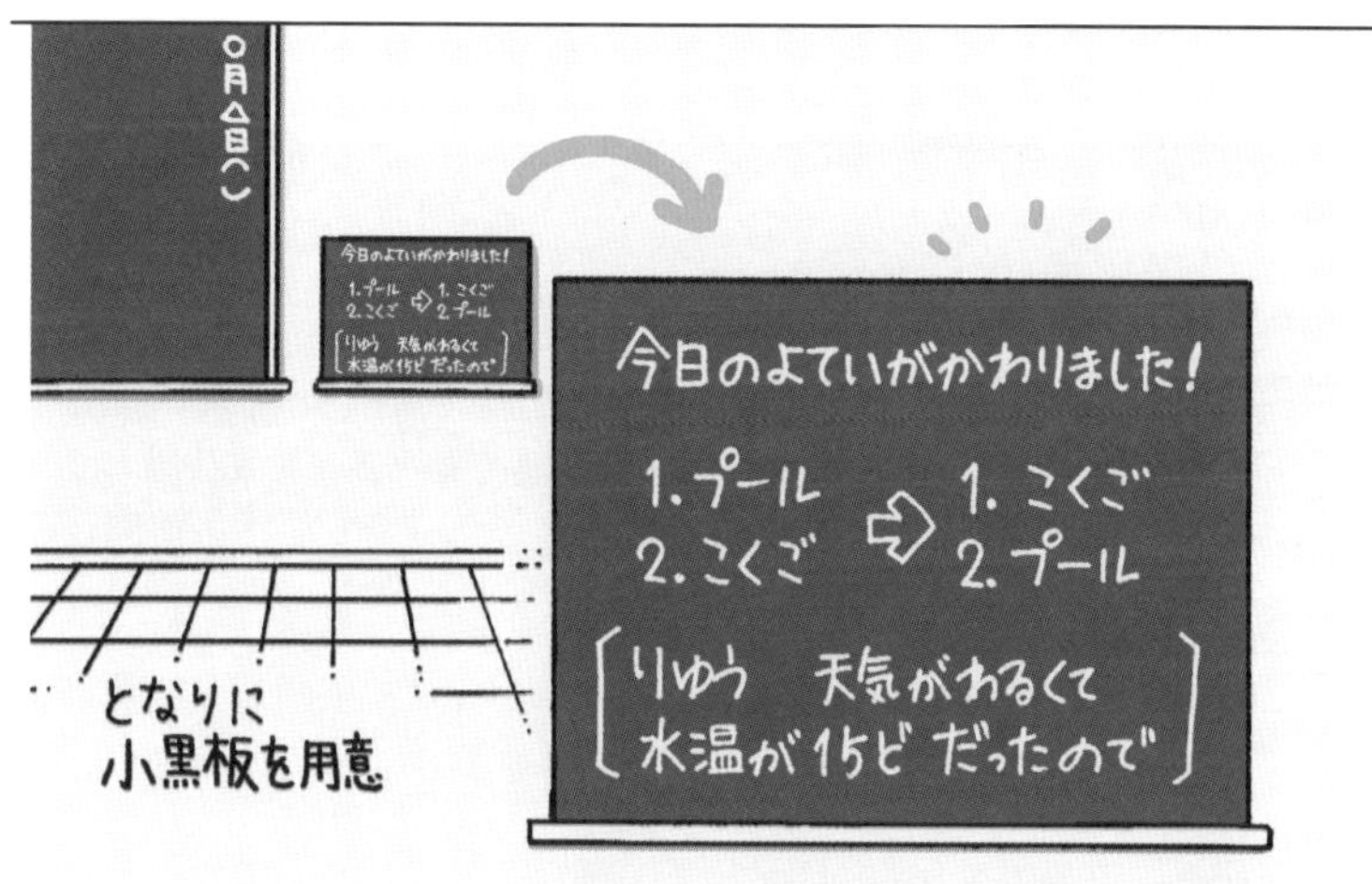

○月△日(　)
今日のよていがかわりました!
1.プール
2.こくご
1.こくご
2.プール
りゆう　天気がわるくて
水温が15ど　だったので
となりに
小黒板を用意

まとめ

変更に対する苦手を練習して克服するというよりも、工夫して場を乗り切る方法を一緒に見つけていくことが大切です。

うちではこうしました！

- 切り替えが苦手で、「あと3分」と伝えても、どのくらいで活動をやめたらいいのか伝わっていないことがありました。タイマーや砂時計、アナログ時計のように、残り時間が目で見てわかる道具を使ったらいいと聞き、わが家ではスマートフォンのタイマーアプリで時間設定することにしました。残り時間が目で見てわかり、終了時間がきたら音も鳴るので、息子もわかりやすいようです。活動の途中でも切り上げて、気持ちを切り替えられるようになってきました。（6歳男児）
- 切り替えの悪さに困っています。親が逆算して予定時間ちょうどに終わる好きなアニメなど録画を見せて、気分よく終了させてから、次の活動に移らせたり、ときにはジュースとかで釣ってます。（9歳男児）
- 休み時間から授業への切り替えが難しいようでした。担任の先生に相談し、事前に「こういう予定だよ」と時間割を見せてもらい、休み時間が終わる前に声かけをしてもらうようにしたところ、徐々に声かけがなくても、遊びの時間から勉強の時間へスムーズに切り替えができるようになりました。（7歳男児）
- 余暇の過ごし方がわからず、特に苦手だった時期がありました。休み時間などは、絵を描くなどの指示を事前に出しておくと、安心して過ごせていました。（10歳女児）

ケース

7

遠足や運動会：学校行事に参加したがらない

不安、苦手、敏感なのかも

運動会や遠足、学芸会などの学校行事。

親にとっては、子どもの成長が見られる楽しみなイベントですが、参加をいやがるお子さんもいます。

「いつもと違う」行事ということで、何をするのかがわからず不安で拒否しているのかもしれませんし、種目や演目の中に自分の苦手なものがあって拒否しているのかもしれません。

あるいは、感覚が過敏で、騒々しい雰囲気がいやだと感じているのかもしれません。

このように、いろいろな理由が考えられますので、まずは、どうして参加をいやがるのかを考えてみましょう。

対策1 事前にイメトレする

「いつもと違うこと」に不安になったり、イライラしたりしているのかもしれないと思ったら、することを具体的にイメージできるように、過去の行事のビデオや写真、しおりを見せたり、当日のスケジュールを早めに伝えたりするとよいでしょう。

何度か繰り返し、事前にイメージをつけていくと安心できると思います。動画を見せると、よりイメージがしやすいです。

不安が強いお子さんの場合、「がんばろう」と言われると一層不安になります。 最初は、「おもしろいね」という声かけをしてあげるとよいかもしれません。

遠足の場合は、はじめて行く知らない場所だったりするので、「どこで」何をするのかを事前にイメージさせてあげると安心できるでしょう。グーグルアースや、ストリートビューを使って、その場の様子を確認しておく方法もおすすめです。

可能であれば、ご家族で事前に目的地に行って楽しい経験をしておくと、なおよいと思います。

対策1 point 資料を見ることすらいやがる場合は無理のない範囲で促す

本番に備えて、当日のスケジュールをお子さんが使いやすい大きさのカードにして渡してあげるとよいでしょう。

お子さんの出番や、休憩時間などをカードを見ながら説明し、当日不安になったときは、だれに頼ればよいのかも、事前に伝えておくと安心です。

対策2 できる活動にだけ参加させる

活動の中にお子さんが苦手とすることがあって参加を渋っているようなら、苦手の少ないものにだけ参加させてみるのもよいでしょう。

最初から全部参加は大変です。たとえ

対策2 point やり方を工夫したり支援すれば活動に参加できる可能性が広がる

ば運動会であれば、担任の先生に相談をしながら、プログラムの中から「①お子さんが出られそうな種目」「②環境調整や支援があれば参加できそうな種目」「③参加が難しい種目」を分類してみましょう。

事前練習をする中で、**もしできることが増えてきたら、お子さんと相談をして、当初の予定より出番を増やしてみるのもいい**と思います。

「やってもどうせうまくできないし……」とお子さんが感じていそうな場合は、自信を持てるよう個別に練習をしてもよいでしょう。

②のように、種目の中には、やり方を工夫したり支援すれば参加できるようになる

対策 3 point 個別練習でできるようになったら集団練習に参加させる

ものもあります。

たとえば綱引きの場合、お子さんが他の子とくっつくのをいやがるときは一番後ろにしてもらったり、掛け声を出して盛り上げる役割を任せてもらうなど、負担のない範囲で参加できそうな方法がないか、担任の先生と相談してみてもいいですね。

ピストルの音が苦手な子の場合は、旗で合図することに変更可能かなども相談してみるといいかもしれません。

対策 3 スモールステップで成功体験を積ませる

学校行事では、本番に向けて競技や演技の練習を何度も行ったり、ふだんと違うルールを守らなければならないこともあります。

求められているレベルが高いのかな、ルールの理解が難しいのかなと思ったら、**動作や活動を細かく区切って説明**してあげるとよいでしょう。

たとえばリレーの練習の場合だと、最初は少人数で、体育館などのわかりやすい環境で練習を始めます。

「順番を待つ」「バトンをもらったら走る」「バトンを渡す」の三つの行動を絵カードに描き、絵カードを示しながら個別で練習し、できるようになったら、お友だちと一緒に大きな集団で練習するとよいでしょう。

大人数の中では、興奮してルールをやぶってしまったり、反対に緊張してなかなか活動に参加できない場合もあるので、少しずつ人数を増やしながら、集団練習に移行していくといいと思います。

まとめ

学校行事への参加を拒否する子どもの場合、無理をさせず、参加できる範囲で参加することから始めましょう。

うちではこうしました！

- 小1での遠足は、母が付き添うも、苦手な集合写真でパニックを起こし逃走。特別支援学級に移ってからは、集合写真を免除してもらい、先の見通しを伝えてもらえたおかげで、先生と参加できました。（8歳男児）
- 行事があるときは学校に行けず、行き渋りがひどいので困っています。遠足は、学校側が事前に写真を使って一日の行動を何度も説明してくださり、家族と事前にその場所に遠足の行程に沿って出かけることで、少し改善されました。（8歳男児）
- 校外学習は、祖母に付き添ってもらい、行けそうな所だけ参加しました。運動会は、お気に入りのぬいぐるみを持参し、一人用のテントをクラスのテントの脇に設置し、いつでもクールダウンできるようにしました。応援合戦など大きな声が出る出しもののときは、端にいて、いつでも抜けられるようにしました。あと、つねに親が近くにいて、パニックになったときなどは、なだめていました。（8歳女児）
- 運動会は毎年、練習に参加することから困難です。ダンスも年々難しくなり、うまくできないことが、さらに本人の抵抗となるようです。今は学校でずいぶん配慮をしていただき、無理に練習には参加させず、まずは見学をさせて、目で見て覚えさせています。通常学級にいますが、特別支援学級の練習に参加させてもらったりしながら、本番もできたら参加というスタンスです。（9歳男児）

column 3

学校の先生とのかかわり方

学校の先生との関係について

このたびＬＩＴＡＬＩＣＯ発達ナビさんの協力のもと、アンケートをとりました（※）。

Ｑ．先生や学校とのかかわりにおいて悩みはありますか？　もしくはありましたか？

はい…62％
いいえ…38％

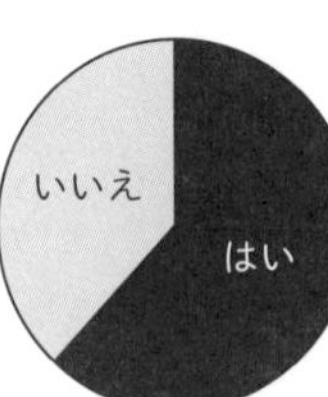

Ｑ．どんなところに悩んでいますか？

先生によって理解や対応に差があり、担任が変わるたびに関係作りをしなくてはならず大変という意見が圧倒的。

学校の先生に意見や要望を言っても理解してもらえるのか、どの程度まで相談していいのか、その加減に悩まれている保護者の方が多数。

学校の先生への対応いろいろ

Ｑ．悩みを解消するために、何か対策をとられていたら教えてください。

事前にフェイスシートを療育施設の先生に作成してもらい、面談をしたり、要望書を申請したりしました。（6歳女児）

校長先生と面談をしていただき、母子登校。娘のサポートは、できるだけ母親がして、娘のできないポイントを、彼女とかかわる教師全員で共有しています。（7歳女児）

主治医の意見書を学校と市に提出。市の代表者と主治医、ケースワーカーと民生委員

※ LITALICO 発達ナビ（https://h-navi.jp/）ユーザー向けアンケート「発達が気になる小学生についてのアンケート」（回答数：537件、2019年5月10日～17日実施）より。

が来校し、親と校長、教頭を含めて話し合いをしました。定期的に行ってもらっています。（7歳男児）

懇親会などに積極的に参加し、先生と意見交換しました。電話連絡や、連絡帳のやりとりも頻繁にしています。子どもの特性や、家庭でやってうまくいった対応策などをまとめて先生に渡しました。つねに謙虚な姿勢でいることも忘れないようにしています。（8歳女児）

児童支援専任やスクールカウンセラーにも、しっかりこまめに子どもの状況を伝えています。親の意見よりも専門家の助言という形で要望を出したほうが、うまく伝わるようでした。（8歳男児）

長く本人を見てくれて理解のある、教育相談のカウンセラーや療育の作業療法士の先生、通級指導の先生からフォローしてもらっています。（8歳女児）

病院からのアドバイスを学校へ伝えた結果、学校、学童、放課後デイと家庭、すべての部署を交えての会議を学校で開いてくれて、情報の共有を図って対応を統一しようと努力してくれました。（10歳男児）

担任の先生任せにせず、放課後デイや受診をするなど、親子ともに、居場所なり相談できる環境を確保しています。（11歳男児）

column 4

学校・学級、四つの選択肢

子どもに最適な学びの場はどこか

学びの環境や進路についての悩みも、多くの親御さんが抱えられているかと思います。就学前だけでなく就学後も、この悩みはついてまわるでしょう。

本書では主に、通常学級に通うお子さんの困り感を紹介していますが、就学相談では、通級や特別支援学級をすすめられる場合もあるでしょう。

入学後でも、お子さんの学びの場は変えられます。

通常学級、通級、支援級、支援学校、どこに行くことが、子どもにとって一番よいのか——。

就学時にも悩まれたと思いますが、発達の様子が気になるお子さんや、障害のあるお子さんを持つ保護者の方にとって、お子さんの学びの場を決めることは、非常に大きな決断です。

四つの学びの場

ここでは、それぞれの概要や特徴を説明します。各特徴を比較しながら、お子さんに合う学びの場はどこなのか、検討する材料にしていただけるとうれしいです。

❶ 通常学級

国立、公立、私立小学校にある通常の学級のことです。

1クラスの人数が多く（40名以下）、様々な子どもと触れ合うことができます。

しかし、一方で通級や支援学級のような手厚い教育サポートが受けられないという面もあります。

❷ 通級（通級指導教室）

比較的障害の程度が軽い子どもが、通常の学級に在籍しながら、その子に合った小集団や個別の指導を受けられる学級のことです。

子どもは通常学級に在籍し、通級の時間だけ通級指導教室に移動して（通って）指導を受けます。

苦手な学習科目や、社会生活面で生じている困難に応じて、通級での個別支援を受けることができるため、比較的障害や困難の程度が軽かったり、特定のことだけに困難がある場合に有効です。

言語障害、自閉症・情緒障害、弱視、難聴、肢体不自由者、病弱者及び身体虚弱の障害種別があります。

❸ 特別支援学級

障害のある子ども一人ひとりに応じた教育を行うため、小・中学校に設置された、障害種別ごとに編成された少人数の学級のことです。

少人数教育で（1学級の上限定員は8人）、子どもそれぞれのニーズに合わせた教育が受けられるようになっています。

必要に応じて、各学習科目の目標・内容を、その子どもの課題や獲得スキル状況に適したものに変更・調整したり、個別の学習支援・生活支援を受けることができます。

また、「交流及び共同学習」という位置づけで、一部の授業や、給食や昼休みの時間、学校行事などに通常学級の子どもたちと一緒に参加する機会も設けられます。

知的障害、肢体不自由、病弱・身体虚弱、

弱視、難聴、言語障害、自閉症・情緒障害の障害種別があります。

❹特別支援学校

特別支援学校とは、心身に障害のある児童が通う学校で、幼稚部～高等部まで存在します。

2007年以前は「ろう学校」「盲学校」「養護学校」と分かれていましたが、学校教育法の改正に伴い、障害ごとに分けた学校ではなく、制度上はすべて特別支援学校になりました。

1クラス当たりの人数は平均で3人と少人数で、特別支援学校の教員の多くは、通常の教員免許に加えて特別支援学校の教員免許を持っています。

また、医療的ケアは看護師などが行うことが原則ではありますが、保護者の同意や医療関係者による適切な管理など、一定の条件が満たされていれば、教員が、痰の吸引、経管栄養（胃ろう・腸ろう）、自己導尿の補助を実施することができます。

学びの場を選ぶとき大切にしたいこと

子どもの幸せを願う保護者にとって、今ある選択肢の中から「完璧な選択」をすることは、とても難しいことだと思います。

しかし、お子さんが困っているときこそ、子どもをよく観察し、子どもにとって何が必要かを考えることが大切かもしれません。

お子さんに、各学校や学級の特徴を説明するだけでなく、実際に見学や体験に行ったあとで「今日の学校どうだった？」と子ども本人の気持ちを確かめてみるとよいでしょう。

医師や心理士だけでなく、ふだんの様子を知っている担任の先生にも聞いてみたり、就学先で同じように悩まれた先輩保護者の経験談を参考にしてもいいと思います。

小学校は通常学級で過ごし、中学入学を機に支援学級に入ったお子さんもいらっしゃいますし、その逆のパターンもあります。

お子さんにとってどんな環境で学ぶことがよいのか、家族やご夫婦で積極的に話し合って決断してもらえたらと思います。

お住まいの市区町村によって、通級、支援級、特別支援学校で受けられる支援内容は大きく異なります。

本書の内容を参考にしていただきながら、ご自身で行政や学校に問い合わせてみてください。

子ども本人が支援学級に移るのをいやがることもある

通常学級にお子さんを通わせている親御さんの中には、他の子どもと同じようにできないわが子の様子を知って、焦る人も多いでしょう。

支援学級に入級したことを契機に、考え方や価値観を切り替えていけた親御さんもいます。

しかし一方で、通常学級に在籍している子どもたちの親御さんの中には、ふつうの子と同じようにできないことに強いストレスを感じてしまう方もおられるでしょう。それは、親心としては当然のことです。

小学校の途中から支援学級に移る場合もありますが、本人が支援学級に行きたがらないこともあります。

特別支援学校や特別支援学級では、一人ひとりの教育、支援のニーズに合わせた、きめ細かい教育のために「個別の指導計画」と「個別の教育支援計画」が立案・実行されます。

ただし、通常学級では、計画を必ずしも作ってもらえるわけではなく、学校との話し合いによって、作成してもらうことができます。

個別のニーズに合った支援を受けるためにも、まずは指導計画や支援計画を作っておくとよいでしょう。

第5章

「対人関係」の悩み

トラブルが起きやすいのは相手の気持ちを推測するのが苦手だから

人からあいさつをされても、あいさつを返せなかったり、順番を待てずに割り込んだり、失礼な発言をしても謝れなかったり、人との距離感が近すぎたり……。

そのたびに、子どもの扱いに戸惑い、周囲への対応で気を遣うことになると、親御さんとしては大変ですよね。

第5章では「対人関係」をテーマにいくつか事例を紹介します。

社会には「暗黙のルール」があります。

暗黙のルールとは、「くしゃみや咳をするときは口を手で押さえる」「太っている人に体重を聞かない」のような明言化されていないルールや規則などのことです。

しかし、発達障害やグレーゾーンの子は、「他の人の気持ちを考えたらわかるでしょ」と言っても、相手の気持ちをなかなか推測できないかもしれません。

子どもは年齢を重ねるにつれて、親が注意しても「うるさい！」などと反発するようになり、親の思う通りには動いてくれなくなってくるものです。

まだコントロールの効く幼少期から少しずつ、本人に自分と他の人たちとの理解のズレに気付かせて、社会的に許容される行動ができるように促していきましょう。

ケース

1

あいさつができない

しないといけないことは、子どももわかっている

「おはようございます」「こんにちは」「さようなら」などのあいさつは、小さい子どもにとっては勇気がいるものです。

あいさつをしたほうがいいのはわかっているものの、「いつ何を言ったらいいのかわからない」「相手によって言い方を変えるのが難しい」「いざ相手を前にすると言葉が出てこない」「他のことに気をとられてしまって忘れてしまう」「何かに夢中になっていて気が付かない」など、いろいろな理由があるのかもしれません。

しかし親心としては、せめて毎日学校で会う先生やお友だち、近所の人には、あいさつをしてほしいもの。

相手からあいさつをされたのに、下を向いて黙ってしまう子どもを見ると、「しつ

けがなっていない」と思われそうで、つい感情的になってしまうかもしれませんが、あまり無理強いはせず、まずは**親が積極的にあいさつをする姿を見せる**のが一番です。

そのうえで、絵カードなどを使って、家庭で楽しくあいさつの練習をしましょう。大きな声であいさつができず、小さい声や頭を下げるだけになったとしても、とにかく「自分からあいさつする」という姿勢が見えれば、たくさんほめてあげましょう。

対策1 スモールステップで始める

朝は「おはよう」、夜は「こんばんは」など、場面に合ったあいさつを子どもが理解できていないと、正解なのか不安で、自分からあいさつをするのは難しいと思います。

はじめは自分から自発的に言えなくても、「こんにちは」と言われたら「こんにちは」と返すというように、あいさつをされたら**相手と同じ言葉を返す**習慣から始めるとわかりやすくてよいでしょう。

お子さんがうまくあいさつを返すことができたら、「いいあいさつだね」などとほめてあげてください。

対策2　絵カードであいさつゲーム

「朝、学校で先生に会ったら」「学校から帰るときに近所の人に会ったら」などの状況を絵カードの表に書き、その裏に、「おはようございます」「ただいま」などのあいさつを書きます。

「おはよう」→「おはよう」、「こんにちは」→「こんにちは」など、おうむ返しのあいさつとは違って、「いってきます」→「いってらっしゃい」、「ただいま」→「おかえり」などは、2つの台詞が合わさって1つになってしまったり、やりとりが逆になってしまう場合があります。

練習するときは、カードの表を見ながら、「こんなときは何て言う？」などとゲーム感覚で出題してみるとよいでしょう。**状況を見ながら、あいさつの言葉を声に出して言い慣れておく**ことが大切です。

実際に同じ場面に遭遇したときは、「こんなときは何て言うんだっけ？」とやさしく促すことで、少しずつ自分からあいさつできるようになるでしょう。

対策1 point あいさつをされたら、同じ言葉を返すことから始める

対策2 point 表に状況、裏にあいさつの言葉を書いた絵カードを作って練習

おもて

うら

相手に言われたら反射的に返す「あいさつ」と似た社会的スキルに「お礼」があります。

状況によって感謝の気持ちの込め方に多少違いはありますが、人に何かをしてもらったり、助けてもらったら「ありがとう」と言う行為には、謝罪のような「納得」のプロセスが必要ないので、練習をすれば比較的簡単に言えるようになると思います。

教え方としては、お礼もあいさつと同じように、絵カード表を使って練習するとよいでしょう。

対策3 相手に合わせてあいさつを練習する

お友だちには「おはよう」でいいけれど、先生には「おはようございます」と言うなど、相手によって使い分けることが理解しにくい子もいます。

こういう場合も絵カードがおすすめ。「先生」「お友だち」など絵カードの表に「相手」を書き、その裏に「あいさつ」を書きます。

カードの表を見せて「この人に朝会ったら、何て言う?」と質問をしましょう。

相手に合わせてあいさつの言葉を変えるのは一見簡単に思えますが、「①相手がだ

対策 3 point 友だち言葉、ていねい語の使い分け方を覚える

れなのかを認識する」「②相手に合わせたあいさつを思い出す」という二段階の作業をすることは、子どもにとっては複雑なこと。

実際の場面では、「あそこに先生がいるね」と、**前もって相手を意識させる言葉をかけましょう。**そうすることで、落ち着いてあいさつを思い出すことができますよ。

まとめ

最初は、おうむ返しからでかまいません。徐々に、相手に合わせたあいさつの使い分けに慣れていきましょう。

うちではこうしました!

- 「言いたくても、言葉が出てこなくて困っている」と本人から言われたので、「無理に言おうとすると、なかなか難しいから、ゆっくりでいいよ。『ありがとう』『おはよう』ぐらい言えたらすごいんじゃないか」と話しました。(7歳女児)
- ずっと「あいさつは!?」と叱っていましたが、効果がないのと私自身も反省をして、親があいさつする姿を見せるだけで、強要しないようにしました。5年生になった今は、年下の子に対していいところを見せたいのか、先生には自分からあいさつするようになりました。近所の人の場合、「この人はあいさつしたほうがいいかどうか」がわからないようなので、親子で歩いているときには、なるべく近所の人と言葉を交わすようにしています。(10歳男児)

ケース

2

「ごめんなさい」が言えない

謝れないのには理由がある

子ども同士のトラブルはつきものですが、トラブルになったとき、自分が悪いのに子どもが「ごめんなさい」を言えなかったりすることがあります。

「謝りなさい！」と注意しても、子どもが「いやだ！」と抵抗したり、理屈っぽいことを言ってくると、親もつい感情的になってしまうかもしれません。

「何を言ってるの！　自分が悪いんでしょ！」などと言いたくもなるでしょう。

「なぜ謝れないのか」「いつ自分から謝れるようになるのか」など、親としては不安になると思います。

しかし改めて考えてみると、「ごめんなさい」と謝罪する行為は、

①自分のあやまちを理解し認める
②相手の気持ちを思いやる
③謝罪の気持ちを言葉や態度で表現する
という、子どもにとっては難しい作業の連続です。

お子さんが謝らないのは、そもそも自分が悪いと思っていないからかもしれません。

特性ゆえの本人独特の考えや視点があるため「なぜ謝らなければならないのか」の納得や理解ができなかったりするのです。

あるいは、自分の気持ちを無視されたまま謝るのがいやだったりすることもあるでしょう。

相手の気持ちを考えるのが苦手な子の場合は、謝罪の重要性をわかっていないことがあります。

たとえわかっていても、状況判断が苦手な子は、どんなタイミングで言葉をかければいいのかわからないこともあるでしょう。

さらに、家族以外の人の前では緊張して、言葉で伝えることができない子もいます。

このように、謝れないのには、いろいろな理由が考えられます。

対策1 子どもの言い分を最後まで聞く

学校でも、お友だちとトラブルを起こしてしまって、その場で謝らなければならない状況はたくさん起こります。

たとえば、自分の持ちものに強いこだわりがある子が、親切心で消しゴムを拾ってくれた子に、「さわるな!」と一方的にどなってしまったり……。

そんなとき、「消しゴムが落ちていたから拾ってくれたんだよ」と大人が説明しても、**興奮している子どもをすぐに謝らせることは難しい**と思います。自分がなぜ謝らないといけないのかを理解し納得できないと、なかなか耳を貸そうとはしないでしょう。独自の視点や感覚のため、自分のあやまちを認められなくて、なぜ謝らなければならないのか納得できない子もいます。

大人は、早く謝らせたいと焦って感情的になってしまいがちですが、まずは落ち着いて、子どもの言い分をしっかり聞いてあげてください。

子どもの話を最後まで聞いたら、「〇〇くんは、消しゴムを触られたのがいやだったんだね」などと、**子どもの気持ちを代弁**してあげましょう。混乱している気持ちが少しずつ整理されて、落ち着いてくると思います。

そのうえで相手の話も聞かせます。「順番に話を聞くからね。お友だちの話は最後まで聞こうね」とやさしく伝えましょう。

平等に両者の気持ちを聞いたら、「じゃあ、〇〇くんは、どうしてほしい？」「一緒に謝ろう」と促すと、安心して謝れることが多いと思います。

本人の気持ちを落ち着けた状態で、あやまちを納得させ、謝り方を考えて相手に謝らせる。これぐらいていねいにやったほうがうまくいくと思います。

興奮して感情的になっている子どもは、経緯をうまく話すことができません。

対策1 point 話を最後までしっかり聞いて、子どもの気持ちを落ち着かせる

その場で謝らせることが難しいときは、いったん別の場所へ移動し、落ち着かせ、納得させてから謝らせるとよいでしょう。相手には、少し待ってもらうことも必要です。

非常識な言い分でも最後まで聞く

子どもが話す言い分は、非常識でおかしな理屈かもしれません。

しかし、そこは「なんでそんなふうに思ったの？」と冷静に最後まで話を聞いてあげてください。**とくに小学校高学年ぐらいまでは、しっかり聞いてあげることが大事**です。

「え、そんなことありえない！」とすぐに

否定してしまうと、子どもはその続きが言えなくなってしまいます。

「なぜそうなってしまったのか」を、まずは全部、本人に語らせましょう。

そのときに、その子独自の視点に親が気付いてあげることで、子どもの言い分や気持ちの理解が進み、納得させる手がかりが見つかりやすくなります。

自分の考え方は、親や世間一般の人たちの考え方とはどうやら違うようだと子どもに気付かせることができれば、そのあとの子育ての大変さがだいぶ変わってきます。

親も一呼吸して心を落ち着ける

落ち着いて子どもの話を聞いてあげることが大切だと頭ではわかってはいても、当の本人がまったく悪びれることなく、「なんで僕が悪いんだ！」というような態度を示してきたりすると、親も腹が立ち、つい感情的になってしまうでしょう。

しかも、発達障害やグレーゾーンの子の中には、理不尽なことや理屈っぽいことを言ってくる子が結構います。

しかし、感情的に叱るだけでは「どうせ、わかってくれない」と、子どもは自分を否定されたように感じてしまうと思います。

もともと**「謝りなさい」というのは、やってしまった〝人〟を否定しているのではなく、〝やってしまったこと〟を否定しているのですが、感情的に叱られていると、だんだんと「自分自身が否定されている」「自分が責められている」意識になってくる**ものです。

頭ごなしに叱って、そのときは謝らせても、子どもが自分のあやまちを納得できていないと、また同様のことが起こります。

子どもが自分の感情を抑え込んで、「理屈に合わないけれど、とりあえず責められるから謝る」といったふうにし始めると、言い訳する癖がついてしまうことがあるので注意しましょう。

しかも、そのときは無理やり謝罪させたとしても、記憶力のよい子どもは大人になるまでしっかり覚えていて、「何年何月何日に、こういうことを言われた」のように言ってきたりする場合もあります。

親はつい自分を基準に考えてしまいがちですが、「自分はこうだったから」は、お子さんには、ほぼ通用しません。

子どもの発言や態度に対して、感情的に叱ったり否定したりしていると、親も疲れてしまいます。

「子どもの考え方のクセを知る」と割り切って接したほうが、関係性がうまくいくと思います。

対策2 自分のあやまちを絵本やマンガで納得させる

あるお父さんは、息子さんが近所の子を叩いてしまったと聞きつけ、納得させずに謝罪に連れて行ったそうです。

ところが、息子さんは被害者の家の戸口で「バーカ」と言い放ち、逃げ出してしまったとのこと……。

この例からもわかるように、失敗から自分がしたことが間違っていたとわからせることと、相手に対する謝罪の仕方を教えることは、同じ失敗をしないためには、とても重要です。

自分の見方と他人の見方の違いに気付かせたうえで納得させないと、本人は無理やり謝らせられたと思ってしまうでしょう。

子どもを納得させるときは、あまり理詰めでやりすぎてもよくありません。逆に抵抗して聞いてくれなくなります。**「否定された」と思わせないやり方で**行いましょう。マイナス要素は一切出さずに、「一歩下がって考えてみよう」などと提案したら、納得してくれるかもしれません。

本人によって、いろいろな納得のさせ方があるので、お子さんに合った方法を考えてみるといいと思います。手がかかって大変だと感じられるかもしれませんが、それを親が楽しみながら考えてあげられることが将来的にも大切です。

他人の立場に立つ練習

定型発達の子どもであれば、反省時に、他者の立場を考えてみたり、おかしいんじゃないかと振り返ってみたり、いろいろなパターンを考えることができます。

しかし、発達障害のある子には、それが困難な場合があります。

特性的に、最初に「これでいい」と思ったら、「それでいい」と思い込んでしまったり、「他の人の気持ちになって考えよう」と言われても、他者の視点に立てないので、他の人も自分と同じ気持ちだと思ってしまいます。

なぜ謝らなければならないのかも、理解していない可能性があります。

このような相手の気持ちを読み取るのが苦手な子には、主人公がお友だちとけんかをしたり、「ごめんなさい」と言って仲直りする絵本やマンガを見せ、文脈と人物の気持ちを考えながら、親子で話してみるとよいでしょう。

「ごめんなさい」を言った場合と、言わなかった場合に、相手がどんな気持ちになるのか、相手との関係にどんな影響があるのかを一緒に考えてみます。

さらに、**お子さんの実体験に照らし合わせて、**「お友だちも、この猫さんみたいに

対策2 登場人物の素直に謝る姿を通して、相手の視点や気持ちを学ぶ

悲しかったんじゃないかな」などと伝えると、一層わかりやすいと思います。
「素直にごめんなさいが言えることは、すばらしいこと」と、お子さんが前向きに捉えられるといいですね。

対策3 謝罪のスキルを教える

謝罪の必要性がわかっても、タイミングがつかめなかったり、どうやって言えばいいのか子どもがわからなかったりすることもあります。

まずは大人が手本を見せましょう。家族同士でも、きちんと相手の目を見て謝る誠意ある態度を示してください。

また、絵カードを作って、その場面を親

子で再現し、セリフの練習をする方法もおすすめです。

カードの表面には「ぶつかったとき」など、いろいろな場面のイラストを描き、裏に「ごめんね」などのセリフを書きます。


ただし、こうした練習をしても、いざとなると気持ちが混乱したり、緊張したりして謝れないこともあります。

もし、お子さんが謝れなかったことを気にしていたら、謝りたい気持ちがあることはエラいことだと、まずはほめましょう。そして、**あとから謝っても大丈夫**なことを伝え、「明日、先生と一緒に謝る」「お友だちに手紙を書く」といった方法もあることを伝えてあげると、子どもも安心すると思います。

言葉でうまく謝れない子には、セリフを書いたカードを用意しておき、必要なときに出せるようにしておくとよいでしょう。先生からクラスのみんなに、うまく説明してもらえるといいですね。

発達障害の傾向がある子どもたちには、今後も人とトラブルになる場面がたくさんあると思います。

対策3 point
場面を想定し、親子で謝る練習。上手に謝れたら思いきりほめる

「ごめんね」
ぶつかったとき
おまえが
謝ったんだ
これはすごい
ことだよ！

そのときに、自分を責め続けるのも、相手を攻撃し続けるのも、よくありません。冷静に反省して、謝れるようになれるように大人がサポートしてあげましょう。

まとめ

謝る経験を積み重ねていくうちに、自然と、自分から謝ろうという思いが生まれてきます。

うちではこうしました！

- 叱られたり注意されたりすると固まるタイプなので、謝ることもできず、反省していないと勘違いされることが多かったです。外出先で他の人に迷惑をかけてしまったときもどうしても謝る言葉が出ず、相手方にブチ切れられたこともあります（もちろん親の私たちは謝っています）。（6歳男児）

- 気が変わりやすく忘れっぽいので、約束をすっぽかしたり、自分から誘って遊んでいるのに、すぐ別のお友だちのほうへ行ったり、遊びがコロコロ変わったりする、などで、友人からの信頼を失いやすいようです。気質は変えられないので、お友だちとした約束は途中で変えない、意見がコロコロ変わっていることに気付いたら「コロコロ変わってごめんね」と言う、忘れていることに気付いたら「うっかりでごめんね」と一言エクスキューズを挟むようにさせています。（7歳女児）

ケース

3

一方的に話したり、人の会話に突然割り込んでくる

状況を理解できず衝動的に話してしまうのかも

会話をしているとき、自分のことばかり話して、ブレーキが利かない子がいます。周りが困惑したり怒ったりしていても、おかまいなし。相手が話し終わるのを待たずに、自分の話を始めることもあります。

また、気になる話題が聞こえてくると、衝動的に他人の会話に割り込んでしまうこともあるでしょう。

一方的に話してしまうのは、自分の好きなことになると夢中になってしまい、**周りの空気を読めなかったり、相手の気持ちを考えられなかったりする**のが原因かもしれません。状況を判断するのが苦手なので、「相手が今話している」ことが理解しづらく、「今、自分の頭に浮かんだことを話す」ことを優先してしまいます。

また、相手の話にどう反応をすればいいかがわからなかったり、あいづちのタイミングをつかめなかったりすると、黙って聞いてしまうことになり、相手に不信感を与えてしまうことがあるかもしれません。

対策1 キリのよいところで質問を入れる

子どもが次から次へと話し始めたら、とりあえず話の流れがわかるまで聞きます。

そしてキリがついたり、話題が変わりそうになったりしたら、すかさず「ちょっと聞いてもいい？」「質問です！」などと言って、区切りを入れます。

お子さんが「いいよ」と了承したら、

対策1 point 忙しくて話を聞けないときは存分に話せる時間を具体的に伝える

「〇〇くんは先に帰ったの？」といった、イエスやノーで答えられる質問をします。子どもが答えたら、すかさず「そうなんだ！」とあいづちを打って、それから理由を聞きます。

このように、**会話が少しでも小刻みになるよう、タイミングを狙って、うまく質問を挟みましょう。**

学校でお友だちの話に割り込む様子が見られたら、「今お友だちは何を話しているかな？」と先生に声をかけてもらうことで、本人にも自覚が芽生えるでしょう。

ただし、ときには好きなことを存分に話せる時間も大切です。

学校でがまんをしているぶん、家庭で発

散したくなることもあるでしょう。時間があるときには、たくさん話を聞いてあげてください。

時間がなくて話を最後まで聞けないときは、「あとでね」よりも「洗いものが終わったら聞くね」「8時になったら聞かせて」などと具体的に提案するといいでしょう。

対策2 会話のキャッチボール練習

「ボールを持っている人が話す（ボールを持っていない人は話を聞く）」というルールを決めて、**会話の順番に慣れるゲーム**をしてみましょう。

「お母さんがボールを持って話すよ。話し終わったらボールを投げるね。○○くんはボールを受け取ってから話すんだよ」と伝えます。

話題は、「今日は雨が降っているね」など、**お子さんがあまり興味のわかない、シンプルなもの**がいいでしょう。お子さんの好きな話題にしてしまうと、一方的に話し始めてしまうので、あえて興味のない話題を選んでください。

大人がボールを持っているときにお子さんが口を出そうとしたら、ボールを見せ

対策2 相手が話し終わるまで「待つ」。待つことができたらほめる

話し終わったら
ボールを渡すね
今日は
気温が
15度までしか
上がらないん
だって
ふーん

て、「お母さんが持っているよ」というサインを出しましょう。

こちらが話している間、きちんと待つことができたら、「最後まで上手に聞いてくれたね！」とほめてください。

ルールに慣れたら、少しずつ長文にしたり、会話に質問を入れたりと、変化をつけましょう。

対策3 会話への入り方の練習

あるお子さんは、お友だち同士の話に割り込んで話してしまうそうです。

お友だちの理解があり、うまく受け流してもらったり、注意してもらったりしている状況だそうですが、おうちの方は悩んでいます。

夫婦の会話や、先生など他の大人との会話中にも「あのねあのね、お話やめてー！ぼくの話を聞いてーーー！！」と割り込んでくるそうで、「人がお話ししているときは割り込んではいけない」と何度言い聞かせても、なかなか守れないようです。

こんなときは、会話への入り方がわからないのかもしれません。

「ねぇ、ちょっと話してもいい？」のように言ってから会話に入る**ロールプレイ**を家族でしてみるとよいでしょう。

両親が話し込んでいる最中に、声をかけて話に入る練習をしていくうちに、話に割り込む適切なタイミングがわかってくるかもしれません。

対策3 point 日ごろから繰り返し練習しながら、「人の会話に入る」コツをつかませる

まとめ

相手との会話を楽しみながら、言葉のキャッチボールができるようになるといいですね。

うちではこうしました！

- 声をかけても返事をしないで、聞いていないようなことがあります。こちらが質問したことには答えず、自分の話したいことをずっと話していることがあり、なかなか会話のキャッチボールになりません。話をしっかり聞いてほしいときや、こちらに注目してほしいときは「お話聞いてください」と一声かけてから話すようにしています。（7歳男児）
- 一方的に自分が関心のあることを、話し続けます。こちらから質問をいくつか入れて、会話らしくできるように促しています。（11歳男児）
- 要点を押さえた話をするのが苦手です。対応策は、5W1Hを意識して話させること。欠けている場合は、その場で質問して補わせています。（10歳男児）
- 家族の会話にまったく関係のない話題で割って入ってきます。質問に返答させたり、「今の話題は違うから、順番に話そう」と説明したりすると、不満そうにしますが、待っていられます。（7歳女児）
- 人が話しているとき、話の途中でも、自分のペースで話したいときに割り込んで話してしまいます。「いったん落ち着いて」「今は静かに聞く時間。終わったらお話しして」「今○○と話してるから」と声かけして待つように促しています。（6歳男児）

ケース

4

自分の意見を言えない。（困っていても）自分で伝えられない

どう言えばいいのかわからなかったり、自信がなかったりするのかも

学校生活では、指示がわからないこと、忘れものをして焦ることなど、子どもは困る場面にたくさん遭遇すると思います。

そんなとき、**「わからない」と意思表示するだけでも、人とのコミュニケーションは円滑になり、本人も気持ちがラクになる**ものです。

いつもおとなしくて、ほとんど自分から発言をしないDくん。授業中に先生から質問をされても、「わかんない」とひと言。

班ごとの話し合いの場や、休み時間中に、お友だちから「D君はどう思った？」と聞かれても、「パス」とぶっきらぼうに返事をしたり、黙ってしまったり……。

たまに話したかと思うと、「ノート……」とぽつりと言うだけ。先生が気を利かせ

て、「ノート、どうしたの？　忘れたの？」と聞くと、こくんとうなずく始末。

お友だちも慣れっこになっていて、突然Dくんが「これ……」と言って鉛筆を差し出したときも、「あ、拾ってくれてありがとう」と言って、会話は終わり。

こんなD君の態度に先生やお友だちは、「Dくんは、自分の意見がないのかな？」「答えるのが面倒なのかも」「みんなとしゃべりたくないのかしら……」と、ネガティブに捉えています。

しかしDくんは、決して何も考えていないわけではないと思います。長い質問や、ひと言で答えられない複雑な質問をされると、理解できないのかもしれません。

もしくは、質問の意図がわかっていても、自分の考えに自信がなかったり、思ったことを言葉でどう伝えればいいのかがわからなかったりする可能性もあります。

また、子どもの中には、不安が強く、自分の気持ちを言葉で表現するのが苦手な子もいます。

家で家族とは話ができるのに、学校ではおしゃべりできないなど場面緘黙（かんもく）の症状が見られることもあります。

その子の状態に応じて、無理なくスモールステップで表現できるように支援していきましょう。

対策1 困っていることを伝えられるように

困ったときは、だれにどのように伝えればよいのかを、本人のできるスキルに合わせて具体化してあげるとよいでしょう。

たとえば、授業場面では「手を挙げる」「『先生』と言う」、休み時間や体調がよくないときは、保健室に行って養護教諭の先生に伝えるなど、子どもと話し合って具体的な方法を決めておきます。

対策1 自分の言葉で言えないときは絵カードを使って意思表示

トイレに行きたい
忘れ物をした
指示がわからない
トイレに行きたいんだね！

子どもによっては、**不安になる場面そのものを具体化してあげる**とよいこともあります。

「授業中に指示がわからないとき」や、「忘れものをしたとき」「トイレに行きたいとき」「お友だちに何か言われたとき」など、よくある困った場面ごとに、言うべきセリフや、やるべきことを具体的に決めておいてあげると安心でしょう。

対策2 はじめは一問一答になるシンプルな質問から

「学校、どうだった？」という質問には答えられなくても、「学校、楽しかった？」といった、イエス・ノーで答えられる質問

対策2 イエス・ノー、もしくは選択肢のある質問が答えやすい

なら答えやすくなります。

「楽しかったのは体育？　算数の授業？」など、**選択肢のある質問も答えやすい**でしょう。なるべく、一問一答になるシンプルな質問をしましょう。

慣れてきたら、「今日一日、どうだった？」といった抽象的な質問をします。

お子さんが答える前に、「ママはね、朝おふとんをほして、買いものに行ったの。帰りに○○さんに会っておしゃべりをして、楽しかったよ」とロールモデルを見せてから、「○○ちゃんはどうだったかな？」と聞けば、どう答えればいいのか、イメージをつかみやすくなるでしょう。

対策3 point 子どもが楽しく答えられるように質問の仕方やリアクションを工夫

この本を読んでどう思った？
うまくまとまらないけど……
たのしそう
カラスのバースデーパーティー
そう！楽しいよね！

対策3 考えて答えることの楽しさを経験させる

なぞなぞやクイズ遊びをしながら「自分で考えて答える」ことへの動機付けをして、相手の質問に集中する習慣を付けましょう。

お子さんの年齢や理解に合わせて、「先生の名前は？」といったクイズや、なぞなぞを出します。お子さんが自信を持って答えられる質問を選んだり、考えるのが楽しくなる工夫をしたりしましょう。

「今日のおやつは、ポテトチップスとドーナツの、どっちだ？」と聞いてみたり、絵カードを高速でめくりながら「この動物なーんだ?」と聞いたりするといいでしょう。

子どもが答えることができたら、大きいリアクションで「正解!」などと伝えます。

お子さんが自分なりの意見を伝えてくれたときは、「いい意見だね! 教えてくれてありがとう!」などと、しっかりほめてあげましょう。

自分の答えに自信がなさそうなら、「あまり自信はないんだけど……」「答えにくいんだけど……」のような前置きをするといいことを伝えます。

答えがわからない場合は、ぶっきらぼうに「知らない!」と答えたり黙ったりせず、「難しいなあ」「わからないから、ヒントを教えて」「ごめん、今はちょっとわかんない」などのフレーズを使うことを教えてあげてください。

まとめ

子どもが自信を持って答えられるように、回答があいまいで無数にある質問ではなく、簡潔に答えられる尋ね方をしてあげましょう。

うちではこうしました！

- 学校で困ったときに気持ちが伝えられなくて、「学校行きたくない！」と言うようになりました。そこで、最初は母が付き添い、先生に気持ちを伝えるようにしました。しばらくしてからは「お知らせノート」に気持ちを書くようにしました。その後、困ったときに先生に出す「相談カード」を作り、必要なときに使って気持ちを伝えています。（11歳男児）
- 自分の気持ちを伝えたときの相手の反応を恐れて、自分の気持ちが言えないようです。家では言葉をジャッジせずに、まずは受けとめるようにしています。（9歳男児）
- お友だちとやりたいことが違っており、うまく折り合いをつけられず、自分がいつも折れるというパターンを繰り返しているようです。結果、「自分はいつも譲ってあげているのに、相手は自分の気持ちを汲んでくれたことが一度もない」と親に不満を漏らし、イライラしていました。解決策としては、自分の気持ちを伝えたうえで、じゃんけんやくじ引きなどを提案してみること、やりたくなければやらなくてもいいことを教え、伝え方などを場面に応じて具体的に家庭で練習させて学校に送り出しています。（6歳男児）
- 自分を出せず、学校でなかなかお友だちができなくて、寂しい思いをしています。せめて学校外での交友関係だけでも楽しめるようにと、遊ぶ約束を頻繁に取り付けるようにしています。（10歳男児）

ケース

5

相手の気持ちが読めず余計なことを言ってしまう

「事実を言って何が悪いの？」と思っているかも

とある小学校の帰り道、4年生の女の子数人がしゃべっていたところ、「○○ちゃんって、足が長いよね！」という話になりました。続いて、「あの子は顔が小さい」「あの子は色が白い」などと盛り上がっていましたが、突然Aちゃんが、目の前にいるBちゃんに向かって、「Bちゃんはおしりが大きいよね！」と言ったのです。

その場は凍りつき、Bちゃんは涙ぐんで走って帰ってしまいました。しかし当のAちゃんは、周りの子が「Bちゃん、怒っちゃったね……」と言っても、なぜだかわかりません。「みんなで体の話をしていて、Bちゃんの特徴を言っただけなのに、なぜ怒るの？」と思っているのです。

このように、**思ったことをそのまま言ってしまって、相手を傷つけたり怒らせたり**

してしまう子がいます。

「○○くんは足が遅いよね？」
「なんでこんな問題もできないの？」
「何これ、ヘタクソー！」
「似合わないよ」

など、小さい子どもなら許される言葉でも、小学校、ましてや高学年になって言ってしまうと、お友だちや周りの人からいやがられてしまうでしょう。

当人に悪気はまったくなく、単に相手の気持ちを想像することができないだけです。だから、「なぜそんなこと言うの？」と**怒られても、理解できません**。「口に出していいことと悪いことがある」という暗黙の了解がわからないのです。

対策1 言われるといやな言葉を家族間で共有する

対策1 その場で「その言葉はNG」と伝える

家族の場合は、子どもが相手を傷つけたり怒らせたりする言葉を言った場合、「その言葉は、○○な気持ちになってしまうからお母さんいやなの。もう言わないでね」などとハッキリ伝えてあげることができます。

うっかり失礼な言葉を言ってしまう子は、表情や状況から相手の気持ちを読み取るのが苦手なので、**単にムッとしたり、無言になったりしても伝わりません。**「その言葉はNG」であることと、その理由を具体的にハッキリと、その場で伝えるのが一番です。

「言ってはいけないこと」があるのは理解していても、衝動性からつい言ってしまう場合もあります。「傷つけるつもりがないのはわかっているけど」と、穏やかに切り出しましょう。

また、家族で**「言われるといやな言葉」を出し合って紙に書くのもいい**でしょう。「こういう傾向の言葉が人を傷つけるんだな」と徐々にわかるようになります。

学校でも、先生を仲立ちにして同じ方法を取ってもらえないか、相談しましょう。

対策2 相手の表情や気持ちに気付かせる練習

相手の気持ちや感情を読み取るのが苦手な子どもに、「相手の気持ちになりなさい」といくら言っても、ムリなことです。

まずは家庭で、相手の表情や気持ちに気付ける練習をしましょう。

「笑顔」「悲しい顔」「怒っている顔」「つらい顔」を描いたイラストや写真などを用意して、「この顔は、どんな気持ち?」などと聞きます。「うれしい気持ち!」「悲しい気持ち」などとクイズ形式で答えるうちに、少しずつ表情から相手の気持ちを推測

対策2 point 「相手はどんな気持ち?」カードを作り、表情から気持ちを推測させる

問題
たろうくんはプレゼントにおもちゃをもらいました。
たろうくんは どんな気持ちでしょう?

する力が育ちます。

子どもが答えを出せないときは、「この人はうれしい気持ちだね」と親がリードしてもよいでしょう。

表情で相手の気持ちに気付けるようになったら、今度は状況から相手の気持ちを推測する練習をしましょう。

「電車で座っていると妊婦さんが乗ってきた」「道でおばあさんにぶつかった」などのイラストを見せ、「このとき、妊婦さん(おばあさん)はどんな気持ち?」と聞きます。さらに、「こういうときは、何て言えばいい?」と親子で考えてみましょう。

対策3 状況をイラスト化して行動を振り返る

不用意な言葉を発してしまわないようにするためには、自分のやったことを振り返る体験も必要です。しかし、子どもが自ら反省するのは難しいでしょう。子どもが学校で人を傷つける言葉を言った場合、まずは学校の先生に状況を聞きましょう。そのうえで、子どもにヒアリングをします。

子どもの話を聞きながら、その状況を簡単なイラストにします。イラストを見ながら、「そこで何て言ったの？」と聞き、同時に「相手はどんな表情だった？」と聞きます。「悲しそうだった」と答えたら、その**表情を描きます**。「わからない」「知らない」と答えたときは、「悲しいと思う？ うれしいと思う？」などと選択式で聞きましょう。

相手の気持ちを考えることができたら、「じゃあ、次に同じことが起こったら、何て言う？」と聞いて、一緒に考えましょう。

悪いことを言ったという自覚が芽生えたら、あとからでもいいので謝れるようになるといいですね。

対策3 point 絵を見ながら「自分の発言で相手が傷ついた」ことを自覚させる

まとめ

「言ってはいけないこと」などの暗黙の了解は、視覚的に〝見える化〟して理解を促していきましょう。

うちではこうしました！

- 良いことも悪いことも、思ったことがすぐに顔に出て、口にも出してしまいます。相手と自分の立場を置きかえてみたらどう感じるかを根気よく考えさせて、自分がしたことを自分がされたらどう思うかを話し合っています。心の中で何を思い、考えるかは自由だけれど、それを表現してしまうと大きなリスクを伴うことを、つねに声かけしています。（11歳男児）
- マンガを一緒に読み、表情から感情を当てっこしたり、ボードゲームをしながら、他の人の気持ちを代弁したりしています。（8歳男児）
- ドラマや映画を見ているときに、登場人物がどう思っているかを説明するようにしています。（9歳男児）
- 相手が怒ったことを理解できない様子なので、相手の気持ちを代弁して伝えるようにしています。そうすると、「そんな気持ちだったのか、自分だったらいやだな」と理解できるようです。（8歳男児）

ケース

6

人と協力して何かをすることが難しい

「協力」が何なのか、具体的にわからないのかも

家庭や保育園、幼稚園などでは、個人のしたいことをある程度優先できますが、**小学校では、クラスメイトやほかのクラスの子どもたちと協力することを多く求められます。**

たとえば、班に分かれて話し合いをしたり、係の仕事をしたり、給食当番になって協力したり、全員で掃除をしたりといったことです。

そんなとき、話し合いにまったく参加せず、意見を聞かれても黙ってしまったり、当番や掃除の仕事をせず自分の好きなことを続けたりする子がいます。

そういう子は、「意見を言わないから、勝手に進めても文句を言わないだろう」と

思われてしまったり、周囲から非協力的な子と思われてグループに入ることを拒否されてしまうかもしれません。すると、当人はますます孤立してしまいます。

逆に、自分の意見だけを押し通して周りの意見を聞かなかったり、マイルールを決めて他の人にもそれを押し付けたりする子もいます。

さらに、こうした集団生活のあつれきに疲れたり、そもそも大勢で何かをするのが苦手だったりする子の場合は、学校生活自体がつらくなることもあります。

わが子がクラスメイトと一緒に活動できていない様子を知ると、親としては心配でしょう。

しかし、多人数は苦手だけれど少人数なら協力できたり、活動や相手によっては協力できたり、やることが具体的であればやれるなど、**お子さんによって「できる場面」は違います**。

そこに着目して、協力できたときは大いにほめて自信を持たせ、少しずつ「できる場面」を増やしていってあげましょう。

個人作業ではなく、クラスメイトと一緒に行う作業を通して、力を合わせて成し遂げることの喜びや、共有する楽しさを経験させてあげられるといいですね。

対策1 活動内容を見えるように示す

中には、いつ何をすればよいのか、具体的にわかっていない子も、います。

毎週や毎日やることが決まっているようなら、活動の内容を見えるように示しておけば、子どもも当番活動に取り組みやすくなるでしょう。

「毎週、火曜と金曜の昼休みは○○をする」「××さん、△△くん」のように、だれと一緒にやるのかも合わせて記しておくとわかりやすいと思います。

何をすればよいのかを具体的に見える化する

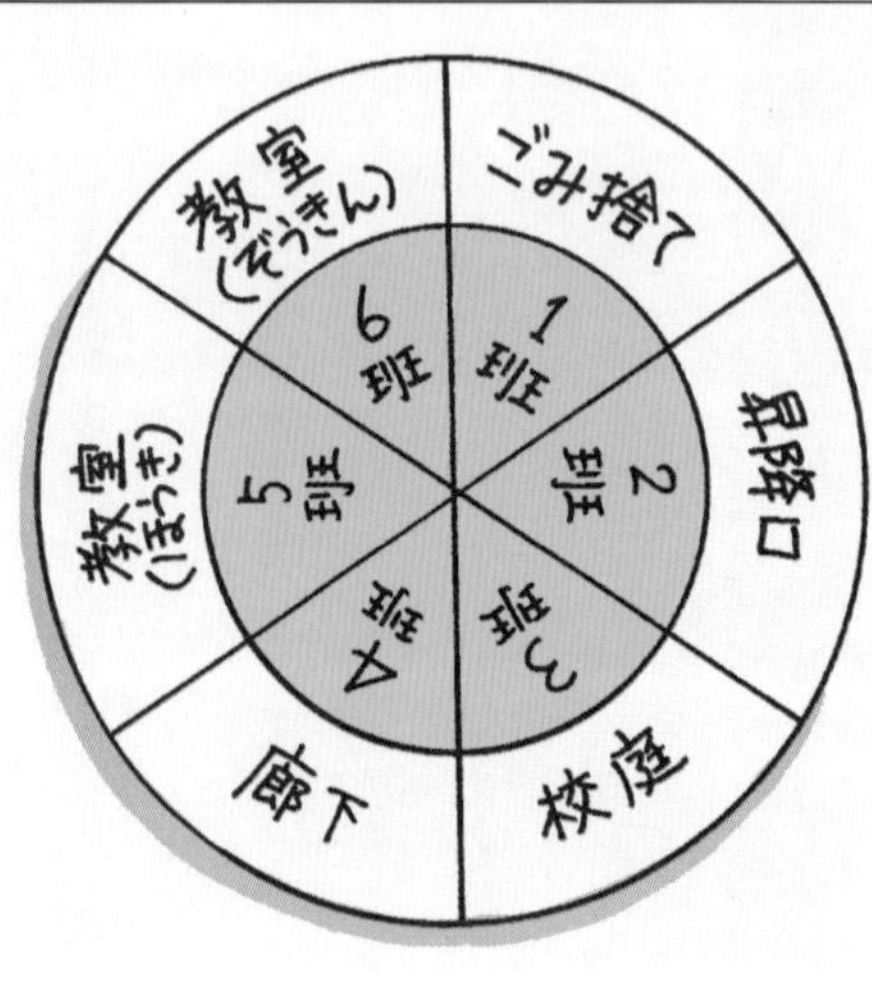

そうじ当番表

対策1の図のように、円グラフの当番表を作り、回転させて順番に当番を替えていく方法もいいですね。

対策2 話し合いのルールを教える

ご家庭でも、話し合いの場に慣れる練習をしてみましょう。家族が相手なら、子どももリラックスして自分の意見が言えるかもしれません。

最初に話し合いのルールを紙に書いて、子どもと確認します。

対策2の図のように箇条書きにして、具体的な言い方も書いておくと、わかりやすいでしょう。

対策 2 point ルールを決めて、ルールを守りながら家族で話し合う練習をする

[はなしあいのルール]

① 自分の意見を言うとき
「私は～だと思う」
「～がいいと思います」

② 理由を言う
「～だからです」

③ 他の人の意見も聞く
「みんなは どう思いますか」

④ 意見を書きだす
Aさん「××」
Bさん「○○」

⑤ 意見の「よい点」と
「よくない点」を書きだす
「××」(よい点)(よくない点)
「○○」(よい点)(よくない点)

⑥ みんなで投票する
「××」1票
「○○」2票

⑦ 決まったことに文句を
言わない
「○○」に決定

あらかじめルールを決めておくと、独自のルールにこだわることを予防できます。

乱暴なもの言いも、ルールを意識するうちに、ていねいな言い方に変わっていきます。

家族で、この紙を見ながら話し合ってみるのもよいでしょう。

話す題材は、「次の旅行はどこに行くか」「今日のごはんは何にするか」など、身近なものがいいと思います。

子どもにはあらかじめ「自分の意見が絶対に通るとは限らない」と伝えつつ、希望を汲み取りながら進めてください。

子どもが話し合いに参加できたら、たく

対策3 point 避難場所を決めておき、先生の許可を得たら移動してもよいことに

イライラしたときに行く場所
とじょ室
学しゅう室
ほけん室
トイレ
行くときは、先生に言ってから行きましょう。
としょ室に行く！
はい

さんほめてあげましょう。

学校での話し合いは、必ずしも同じルールで進められるとは限りません。前述の紙を先生に渡して参考にしてもらえるといいですね。

対策3 落ち着ける居場所を作る

人とのやりとりや集団が苦手な子の場合、班活動や当番が少しずつできるようになっても、頼まれると何でも引き受けてしまい、断れなくなって疲れてしまうこともあります。断り方のスキルについて学んだり練習することも必要です。

「負担になっているな」と思ったら、先生

に相談をして、学校にリラックスできる居場所を作ってあげましょう。

子どもに、**「学校で落ち着くところはどこ？」**と聞いて、紙に書きます。トイレや保健室、学習室や図書室を挙げる子もいるでしょう。

イライラしたり、落ち着きがなくなったりと、自分をコントロールできなくなったら、これらの場所に行くように、子どもと決めて、先生にも伝えます。ただし、授業中などに勝手に行くと周りに心配をかけるため、行きたいときは必ず先生に伝えてから行くように指示しましょう。

子どもが学校でどんなときにつらくなるかを、ふだんから子どもや先生に聞いておくようにしましょう。

まとめ

係の仕事内容や話し合いのルールを明確にして練習していきましょう。断り方のスキルを教えたり、休憩することも大事です。

うちではこうしました！

- 集団行動が苦手であり、すぐに疲れてしまうので、落ち着けるスペースや時間を個別にとってもらっています。（10歳男児）
- 過集中していたり、ぼんやりしていたりして、相手の話がまったく耳に入っていないことがあります。それなのに視線を相手に向けているため、相手は話を聞いてくれていると思ってしまい、トラブルにつながることも……。本人曰く「知らないうちに話が変わっていて、何のことかわからなくなることがよくある。ていねいに説明してもらえるとついていける。いつも周りを見て観察して行動している」とのこと。対応策として「聞こえてなかったから、もう一度教えて」と言うなど、具体的な声かけ案を一緒に考えています。（7歳女児）

ケース

7

順番を待てない

周りの様子を見るのが苦手で、自分の気持ちを優先してしまう

給食やプリント提出の列にみんなが順番に並んでいるのに、割り込んだり、平気で先頭に立ったりする子がいます。

しかし、周囲の様子を見るのが苦手な子は、次にやることに気をとられてしまい、そもそも列に気付かなかったり、列のどこに並んでいいのかわからなかったりすることがあります。

また、1番へのこだわりが強く、つねに先頭に立ちたがることもあるでしょう。「ほしい！」「やりたい！」という思いにとらわれて、周りが見えなくなり、衝動的に割り込んでしまうこともあります。

お子さんが順番を無視してしまう原因に気付いて対策を練り、家庭で少しずつ、規

対策1 point 列を作る部分にテープを貼り、テープの上に並ぶ

則を守れるトレーニングをしましょう。

対策1 列をわかりやすくする

気持ちが先走って、他の子が列に並んでいることに気付かない子には、たとえば並ぶ前に、

「今からプールまで移動します」
「移動するときのルールは？」
「①列に並ぶ、②静かに歩く、ですね」

などと行動の前に、移動時のルールを確認します。

列に並んでも、つい集中が途切れて列からはみ出たり、どう並んでいいかわからず列を乱してしまう場合には、地面のタイルなどを目安に「この線の内側に並ぶよ」な

対策 2 point 順番をわかりやすくするために目印になるアイテムを使う

ど伝えます。

学校では、目で見てすぐわかるように、床に直線のテープを貼ってある場所もあります。

テープが貼れない場所では、床の板目や地面のブロックのラインを目安にするとよいでしょう。

対策 2 自分の順番までの見通しをつける

集団ゲームなどで、つい割り込んだり先頭にこだわったりしてしまう場合は、ご家庭で、トランプゲームやボードゲームなどをしてみるとよいでしょう。

順番にカードを出し合ったり、サイコロ

を転がすなどのゲームをしながら、待てば必ず自分の番が来ることや、あとどれくらい待てばいいのかなどが、少しずつわかってくると思います。

プレイする人の前にぬいぐるみなどの目印を置いて、終わったら次の人の前に置くなどすると、より順番がわかりやすくなるでしょう。

それぞれの体に「1番目」「2番目」などと書いた紙を貼るのもいいですね。

対策3 待ち時間にやることを作る

医療機関などの待合室で待てない場合は、待っている間に楽しめるゲームやお絵描き、クイズなど、待つためのグッズを持って行くとよいでしょう。

学校行事などで、じっとおとなしく座っていることが難しい子には、〝役割〟を作ります。

得点係や呼び出し係など、本人の特性に合った役割を与えて、先生と一緒にやらせてもらえば、やることが明確になり達成感が得られやすくなるでしょう。

対策3 point
学校行事では、出番以外のときにできる役割をいくつか与えておく

まとめ

何もしないで待つ時間は、長く退屈なもの。待つ間に「やること」を作ってあげましょう。

うちではこうしました！

- 列に並ぶとき1番になりたがり、順番を待つことができませんでした。そこで、列になって人が並ぶ位置にマル印をつけ、マルの中に並んで、前に一人ずれたら、順番に前進するルールを伝え、それを守らせるようにしました。また、列を待っている間に、楽しい話をふって、1番以外のことに気をそらせたり、列を待っている間、一緒に手をつないで待つ練習をしました。そうしていくうちに、ある程度、順番を待てるようになりました。（6歳男児）

ケース

8

人との適度な距離感をつかめない。抱きつくなど過度に接触する

「好き」の表現方法を他に知らないのかも

小学校の高学年になっても、先生に抱っこしてもらいたがったり、膝の上に座りたがったりする子がいます。

また、お友だちに抱きついたり、他人にくっつこうとしたりする子もいます。人なつっこいとも言えますが、**年齢に不相応な過剰な身体接触は、周りから不快に思われることもある**でしょう。

原因はいろいろと考えられます。

幼少期に身に付けた「抱っこ」などの表現以外の方法を知らないのかもしれません。

相手によって適切な距離の取り方があることを知らず、母親に対するのと同じよう

に、他人にも接触を求めることがあります。

人の気持ちや状況を理解するのが苦手な場合は、体に触れることで相手が不快に思うことがわからないのかもしれません。さらに、体全体が包み込まれることで安心感を得る子もいるでしょう。

小さい子なら許されることでも、**年齢が上がってくると、他人の前では抱っこをするのは不自然に見えてしまうこともある**でしょう。

また、会話をしているときに、つい夢中になって近づいてしまうという癖がある子もいます。

年齢や相手との関係性に合わせて、適切なスキンシップや距離感を取れるように、

年齢に合わせてコミュニケーションのとり方が変わることを教える

抱っこして！
大きくなったから重くてお母さんもう抱っこできないなその代わり背中をトントンすることならできるよ

家庭で少しずつコミュニケーションの取り方を教えていきましょう。

対策1　年齢に合ったスキンシップの取り方を教える

「他人にベタベタと触れたり、お友だちにいきなり抱きついたりすると、どんな気持ちになると思う？」と聞いても、相手の気持ちを読み取るのが苦手な子には、想像することは難しいでしょう。

「家族ならいいけれど、それ以外の人に突然抱きつくと、びっくりされてしまうよ」などと、具体的なルールとして伝えます。

母親に抱っこをせがむときは、「もう大きくなったから、重くてできないんだよ」

とできない理由を伝え、「6年生になったら、背中トントンにしようか」などと、提案をしましょう。年齢に合わせてコミュニケーションの取り方が変わることを伝えます。

いろいろなスキンシップの中から、お子さんが安心する方法を選んでください。

対策2 相手によって距離感が変わることを伝える

他人に対しても家族と同じように過剰な身体接触をする場合は、相手との関係性や、それぞれに対する距離を、目で見てわかる形で教えましょう。

対策2の図のように、お子さんを中心にして、身近な人間関係の輪を書きます。お友だちの中でも、相手か同性か異性かによって距離感が変わるので、お子さんと話し合いながら、だれをどのエリアに入れるか考えましょう。

その後、親子で並んで立ち、実際に相手とどのくらいの距離までなら近づいてOKかを確かめましょう。

「お母さんならすぐ隣でもOK」「お友だちなら腕一本分」などと、具体的に理解できるといいですね。

対策2 point 子どもを中心にした身近な人間関係の輪を書いて距離感を確認

そうしたうえで、「家族とは、家の中ならくっついてもいい」「同性のお友だちは体に触れてもいい」「初めて会う人とは握手」などと、ルールを教えます。

ただし、年齢が上がったり、状況が変わったりすると、ルールが変わることも伝えます。

「中学になったら、家族でも抱きつくのはやめて、ハイタッチにしよう」「家族でも『やめて』と言われたら、それ以上やらないでね」などと、やさしく伝えましょう。

対策3 抱きつく以外の安心できる方法を見つける

体に対して圧迫感や包み込まれる感じを得たがる場合は、別のもので同じような感覚を得られる工夫をしましょう。

家の中でできる方法の一つに、布団やクッションにくるまる方法があります。この方法で代用できるか、お子さんと実際にやってみましょう。

外出先では、フード付きの上着やコートを着る方法があります。不安になったらフードをかぶるといいでしょう。マスクや帽子など、いろいろと試してみて、お子さんが安心する方法を見つけましょう。

小さいお子さんなら大きめの人形を持つと安心することがありますが、大きくなると不自然に思われます。

小さいマスコットを身に付けたり、バッグにギュッと握れるボールを入れておいたりと、年齢や本人の好みに合わせて選んでみましょう。

体に重みを感じることで落ち着ける子は、座っているときにひざかけなどを使うと安心感が得られ、過度な抱きつきを減らすのに効果的です。

対策3 point くるまったり、握ったり…。落ち着く体への刺激を与える

外出前や、知らない人と会う直前に行ってみるのもいいでしょう。

まとめ

相手によって距離感が異なり、人によって適切な距離のとり方があることを伝えてあげましょう。

うちではこうしました！

- 電車やお店で、他に空席があっても、すでに座っている人のすぐ隣に座ってしまうことがあり、相手をビクッとさせたり、怪訝な顔をされたりすることがあります。空席がある場合は、なるべく周りに人がいない席に座るように伝えています。（9歳男児）
- だれにでも人懐っこくて、異性の人、初対面の人とも距離感が近い。パーソナルスペースを毎朝確認しています。（7歳男児）

column 5

子どもが落ち着ける場所

落ち着ける居場所はいろいろある

このたびLITALICO発達ナビさんの協力のもと、アンケートをとりました（※）。

Q．ご自宅以外でお子様が落ち着ける居場所はありますか？　もしくはありましたか？

はい…59％

いいえ…41％

いいえ
はい

Q．居場所を、落ち着ける理由と合わせて具体的に教えてください。

●学校

図書室。本がとにかく好きで、自分の好きな時間を過ごしているようです。（8歳男児）

学校の支援級。通常級との交流授業では緊張し続けて疲れるので、支援級の教室に戻ると床にゴロンと転がって休んでいるようです。（7歳男児）

「巡回個別指導」という、学校で月2回行われる、専門教員とのマンツーマンの授業。静かな状況でやりたい教科に取り組めたり、先生と話したりすることで、落ち着くようです。（11歳男児）

●学童保育

学童保育。指導者の方の理解があり、また比較的自由に好きなことをして過ごせるので。（7歳男児）

※ LITALICO発達ナビ（https://h-navi.jp/）ユーザー向けアンケート「発達が気になる小学生についてのアンケート」（回答数：537件、2019年5月10日~17日実施）より。

アフタースクール。民間学童ですが、先生に理解があり、不登校の受け入れなども行っているので、うちの子もかなり、楽に通わせてもらっています。（7歳男児）

小学校の放課後預かり。とにかく自由に遊べるからだと思います。（6歳男児）

●放課後等デイサービス

放課後等デイサービスは、6～18歳までの障害のあるお子さんや発達に特性のあるお子さんが、放課後や夏休みなどの長期休暇に利用できる福祉サービスです。

個別療育や集団活動を通して、家と学校以外の居場所やお友だちを作ることができます。

少人数での活動のため安心して過ごせます。専任スタッフ、グループのお友だちと人間関係を構築できています。（6歳男児）

イヤーマフやこだわり、かんしゃくなどにも理解があります。（7歳男児）

未就学時代から通っていて、理学療法士さんがいるところなので、身体のこともわかってもらえていて安心。子どもも楽しみに通っています。（6歳男児）

親の話を聞いてくれ、子どもの状態を共有して対応してくれます。今まで通っていた発達支援センターともつながりがあるため安心してお願いしています。（6歳男児）

習い事の教室

サッカー教室と英語教室は、幼稚園時代から続けているので、落ち着く場所のようです。（6歳男児）

個人学習塾。診断を受ける前から通っていますが、先生が子どもに理解を示してくれて、「この子が将来どうなるのか楽しみ！」と一緒に成長を見守ってくれています。子どもも先生に心を開いています。（9歳男児）

ピアノ教室。娘がピアノを好きなのと、発達障害に理解のある先生が、娘が上達するのを心からほめてくれます。（10歳女児）

スイミングスクールとその行き帰りのバス。気分転換にもなり、問題を抱えていても、それとは関係なく過ごせる場所のようです。（8歳女児）

けん玉教室。仲間がいて安心できる場所です。（11歳男児）

その他

フリースクール。自由な行動が保証されていて、勉強をしないから。（11歳女児）

プレーパーク。スタッフの理解があり、本人のやりたいことに寄り添ってくれます。屋外で、遊ぶ素材も豊富にあります。たくさんの子どもがいて、人も遊びも選べて、過ごし方の選択肢が多いのがいいようです。（7歳女児）

ボーイスカウト。試しに入れてみたら子ど

もに合っていたようで、楽しんでいます。（7歳男児）

祖父母の家。広くて走り回れる廊下や、大型のおもちゃがあり、怒らない祖父母がずっとかまってくれるので、ちょっと退屈になればすぐ遊びに行き、家でママに叱られても、「なぐさめてもらってくる！」と出かけて行きます。（6歳男児）

友人宅、地域の子育てサークル、学童、田や畑を一緒に作るグループなど。意識して、家族以外の居場所を作りました。（8歳男児）

第6章

「学習・運動」の悩み

学習や運動を嫌いにさせないために

発達障害やグレーゾーンの子の中には、知的発達の遅れがなくても、読み書き計算のいずれかや、これら複数にわたって困難さが見られる子がいます。

読み・書き・計算などの特定の学習や運動は、「できる・できない」が目立ちやすく、「なぜできないのか」と叱られる回数も多くなります。

失敗や叱られた経験が重なると、子ども本人が学習や運動そのものを嫌いになってしまうこともあります。さらに、自己効力感まで低下してしまう可能性があります。

学習や運動を嫌いにさせないように、できないことにばかり注目して自信を失わせないように、うまく困難さを補ってあげられるといいですよね。

では、具体的にはどうすればよいのでしょうか。

文字の読み書きや、計算式が立てられないといった学習の課題は、実は個人差が大きく、一人ひとりの診断や原因に基づいた適切なトレーニング方法を行う必要があります。

ただし、適切なトレーニングを行っても、簡単に改善しないことも多く、完全に「できるようになる」とは言い切れないところがあります。

こうしたことから、学習や運動に関して、すべての人に共通して取り入れやすい対策としておすすめなのは、〝環境調整〟です。

集中しやすい環境や、動きやすい環境を作ってあげたり、支援ツールを活用することで、学習や運動の困難さをある程度まで補うことができます。

では、さっそく、どのような補い方があるのかを見ていきましょう。

ケース

1

文章を読むのが苦手

練習が足りないのではなく、
情報処理能力が未発達なのかも？

音読をすると、文字を読み間違えたり、飛ばしたり、「わ、た、し、は」などと1文字ずつ読んでたどたどしくなったりと、文章を上手に読めない子がいます。

文章を読むのは、実はとても高度な作業です。

まず、「は」と「ほ」など似た形の文字を見て、瞬時に判別する能力が必要です。漢字が出てくるとさらに難しく、同じ漢字でも、「今、わたしは～」のときは「いま」と読み、「今日、わたしは～」のときは「きょう」と読むなど、そのときどきで見た文字を適切な音に変換する力も必要です。

さらに、「わたしはとっさにはしりだしました」のような文を、適度に区切らなければなりません。

音読をするときは、こうした複数の作業を瞬時に行い、同時に声を出す必要があります。

こうした情報処理能力が苦手な場合は、文章をスムーズに読めないかもしれません。お子さんの苦手な部分に気付き、その能力を少しずつ、楽しく伸ばすことが必要です。

とは言え、無理に音読の練習をさせると負担になるだけです。

まずは親が読み聞かせをして、子どもはそれに合わせて指でなぞることで、**耳で文章を聞き慣れる**ようにしましょう。

その際、お子さんの興味がある本を選び、はっきりゆっくりと読んであげるのがコツです。

対策1 文章を読みやすいように加工する

お子さんが文章をスラスラと読めない場合は、区切る位置がわからないのかもしれません。単語ごとにスラッシュを入れて、一つひとつ読み上げる練習をしてみましょう。

(きのう/わたし/は/おかあさん/と/こうえん/に/いき/ました。)

慣れてきたら、今度は文節で区切ります

(きのう/わたしは/おかあさんと/こうえんに/いきました。)

スラッシュはふつう、「周辺視野(無意識に何となく見える範囲)」で捉えます。周辺視野は、赤よりも青のほうが捉えやすいと言われていますので、**スラッシュは青ペンで書くとよい**でしょう。

文章を読んでいるとき、隣の行との境目がわからなくなり、同じ行を読んだり、飛ばしたりしてしまうこともあります。この場合は、行間に線を引くとよいでしょう。

対策1 point　クリアファイルに「1行だけ読める窓」を空けて、ずらしながら読む

見やすい色には個人差があるので、クリアファイルの色はいろいろ試してみましょう。

　他にも、指でなぞりながら読んだり、定規を当てながら読んだりするのも効果的です。対策1の図のように、色付きのクリアファイルに1行だけ読めるよう窓を空け、教科書にあて、少しずつずらしながら読むのもいいですね。読む次の行が薄く透けて見えるので、窓の部分をずらしやすいと思います。

　また、単語の途中で改行されていると、分断されて読みづらくなります。そんなときは単語のまとまりにマーカーを引くなどすると読みやすくなります。

「。」を飛ばしてしまう子には、語尾にマーカーで色を付けることで、一文ずつ読む習慣ができます。

音読が苦手な子でも、文字の書体や大きさを変えたり、行間を適度に空けたりするだけで、見違えるようにうまく読めるようになることもあります。

学校の教科書は明朝体に近い書体がよく使われますが、子どもによっては見づらく、「ゴシック体のほうが読みやすい」という子もいます。

また、1年生の教科書は文字が大きく行間が広くとられていて読みやすいのに、学年が上がるにつれて文字が小さく、行間も詰まってくるため、1行1行を読むのが大変になる子もいるでしょう。

「絵本は読めるのに教科書は読めない」などの場合は、教科書の文章を拡大コピーして音読するのもいいかもしれません。

いずれにしても、短い文でもきちんと読めたら、たくさんほめてあげてください。

教科書にお子さんを合わせるのではなく、お子さんに合わせた読みやすい環境を作り、少しずつでも「読めた！」という達成感を得られるようにしてあげましょう。

対策2 文字に触れて語彙を増やす

一文字一文字は読めるけれど、単語のまとまりとして捉えるのが苦手な子や、知らない言葉が文章中に出てくると途中でつっかえてしまう子の場合は、文字遊びをして語彙数を増やしてみましょう。

ランダムに書かれた文字列から、知っている単語を探して丸で囲みます。最初は文字数や単語数を少なめにして、慣れてきたら増やしましょう。子どもの興味のある単語を入れたり、時間を計ったりすると、ゲーム感が増して楽しく学べます。

また、インターネットで「言葉探し」と検索すると、様々なレベルの言葉探し教材が見つかります。無料で公開されている「ディスレクシア音読指導アプリ」の中にも、単語の読みを練習できるものが含まれています。

こうした教材やアプリの中から、お子さんが興味を持ちそうなものを試してみるのもよいと思います。

対策2 point　ゲームやアプリを使って遊びながら言葉に触れる

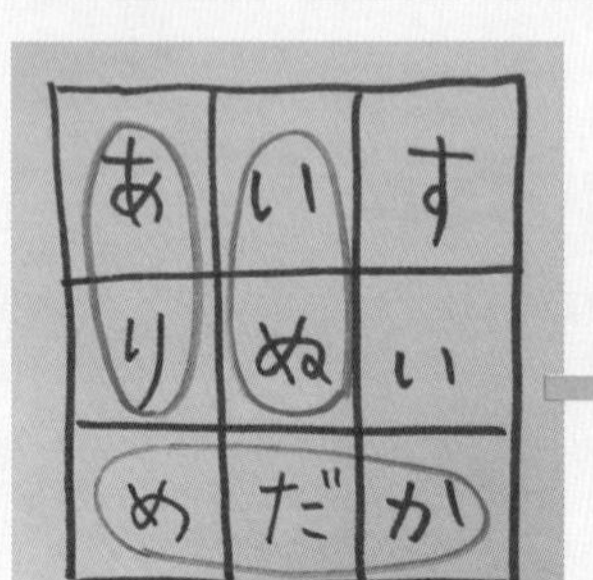

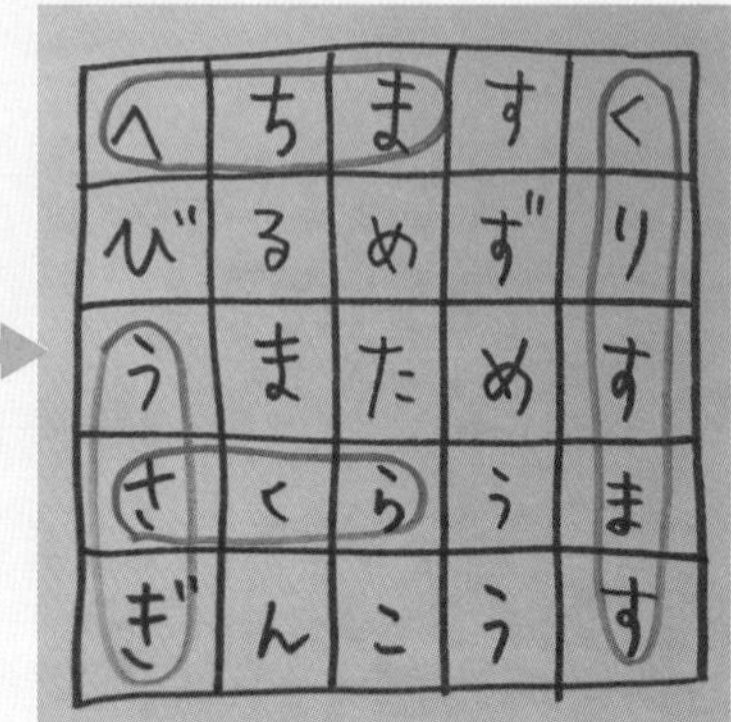

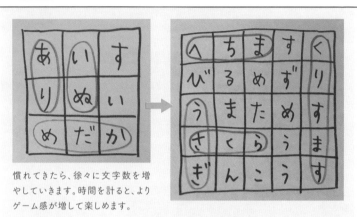

慣れてきたら、徐々に文字数を増やしていきます。時間を計ると、よりゲーム感が増して楽しめます。

iPadおよびiPhone

（参考アプリ）

ディスレクシア音読指導アプリ統合版・単語版

国立成育医療研究センターのホームページで、こころの診療部児童・思春期メンタルヘルス診療科から「ディスレクシアとは」にアクセスし、基礎知識を得たうえでの利用をおすすめします。

アプリの開始画面に使用上の注意書きがありますので、必ず読んだうえで使用してください。

練習用の「ディスレクシア音読指導アプリ単音直音統合版」では、右上のような画面が次々と表示され、単音の正しい読み上げが始まります。一文字をラクに早く読めるように練習をしたあとで、比較的簡単な「ビギナー(1)」と、難易度の高い「チャレンジャー(2)」を、段階を踏んで行うとよいでしょう。

対策3 言葉の意味を学ばせる

言葉の意味を学ぶことで、音読がうまくなることがあります。

たとえば文章を読んでいて、文中にある言葉の意味がわからなくて途中で止まってしまうと、意識が「意味がわからない言葉」に向いてしまい、肝心の、文章に出てくる登場人物の心情の変化や文章の意図を読み取ることが難しくなってしまいます。

文中にある単語のまとまりを見分けられるようになるためには、言葉の意味を知ることが必要です。

文章を読んでいるときに、わからない語句が出てきたら、その都度、意味を調べる習慣をつけてあげるといいでしょう。

まとめ

子どもが読みやすいように視覚的な工夫を行って、文章を読む楽しさを教えてあげましょう。

うちではこうしました！

- 感覚過敏の傾向があり、紙が白い色だと、「光が眩しい」と訴えることがあります。背景の色と文字の色のコントラストが強いと読みにくいようだったので、紙の色を薄いグレーや黄色に変えてみたら、問題なく読めているようです。（8歳男児）
- 国語の音読が一文字ずつしか読めず時間がかかったので、線を引いて読みやすいように区切りをつけたり、点や線、かぎ括弧には目印をつけています。（8歳男児）
- 教科書で新しく習う文章は、どこで言葉が切れるかわかりにくく読みにくいようなので、事前に文節ごとに横線を入れています。行を飛ばしてしまったり、どこを読んでいたのかわからなくなってしなうこともあったので、「行に色がつくルーペ」を使って家では読んでいます。（10歳男児）
- 小さい時から視覚過敏の症状があったので、読み書き障害があるだろうと推測して対応してきました。音読などすべての読みは、大人が一緒に発音して誘導。漢字は、すべてルビを振っています。（7歳女児）

ケース

2

文字を正しく書けない

文字がはみ出したり、書くのに時間がかかる

文字の細部が正しく書けなかったり、大きさがばらついたりして、字が汚くなる子がいます。文章をまっすぐに書けずに、マスや行から文字がはみ出してしまって、ノートが判読不可能な子もいるでしょう。

文字を書くことに苦手意識を持つと、漢字の宿題やテストが嫌いになり、ますます字を覚えられないという悪循環になります。

宿題の書き取りは、多少文字が汚くても、書き順が間違っていてもうるさく言わず、のびのび書かせるとよいでしょう。

正しい文字を書かせようとして、ひたすら同じ文字を書かせるのは、負担が大きいわりに逆効果です。

鉛筆で文字を書く感覚を体で捉えづらい子は、何度書いても文字が覚えられず、自信をなくしてしまうこともあります。

板書をノートに書き写すのに時間がかかるお子さんの場合、すべて書き写していないうちに黒板を消されたり、次の話題に移ったりされると、授業について行けず、学習意欲が落ちてしまうかもしれません。

書く行為は複雑で覚えにくい

「書く」行為はまず、手本文字を見たり、頭の中に文字を思い出したりしながら、字の細部を覚えなければなりません。

次に、マスや行を目で確認しながら正しい位置に鉛筆を置く「目と手の協応運動」

が必要になります。

さらに、とめ・はね・はらいや、文字のバランスにも気をつけようとすると、複雑すぎて情報処理が追いつかない子が出てきます。

細かい部分に注意を向けるのが苦手な子は、文字の細部を覚えるのが難しく、線の数を間違ったり、点を打ち間違えたりするでしょう。

子どもの特徴によって、間違え方もいろいろです。学校の先生にはお子さんの特徴を伝えて、書き取りの宿題を減らす、板書をすぐに消さないなど、可能な支援をしてもらえるよう相談するとよいでしょう。

対策1 手本を工夫する

文字を書いても歪んでいたり、大きさがバラバラだったり、書き始めや書き終わりがわからなかったり……。文字を正しく書けない子には、まず文字の細かいところまで意識が行くよう、手本を工夫してみます。

空間を捉えるのが苦手な子は、マスや行の中に文字をおさめるのが難しいので、対策1の図のように、マスの外枠を黒いペンでしっかりとふちどり、マスの中を4色の

対策1 point どの領域に向かって書けばよいのかわかるように、空間を4ブロックに色分け

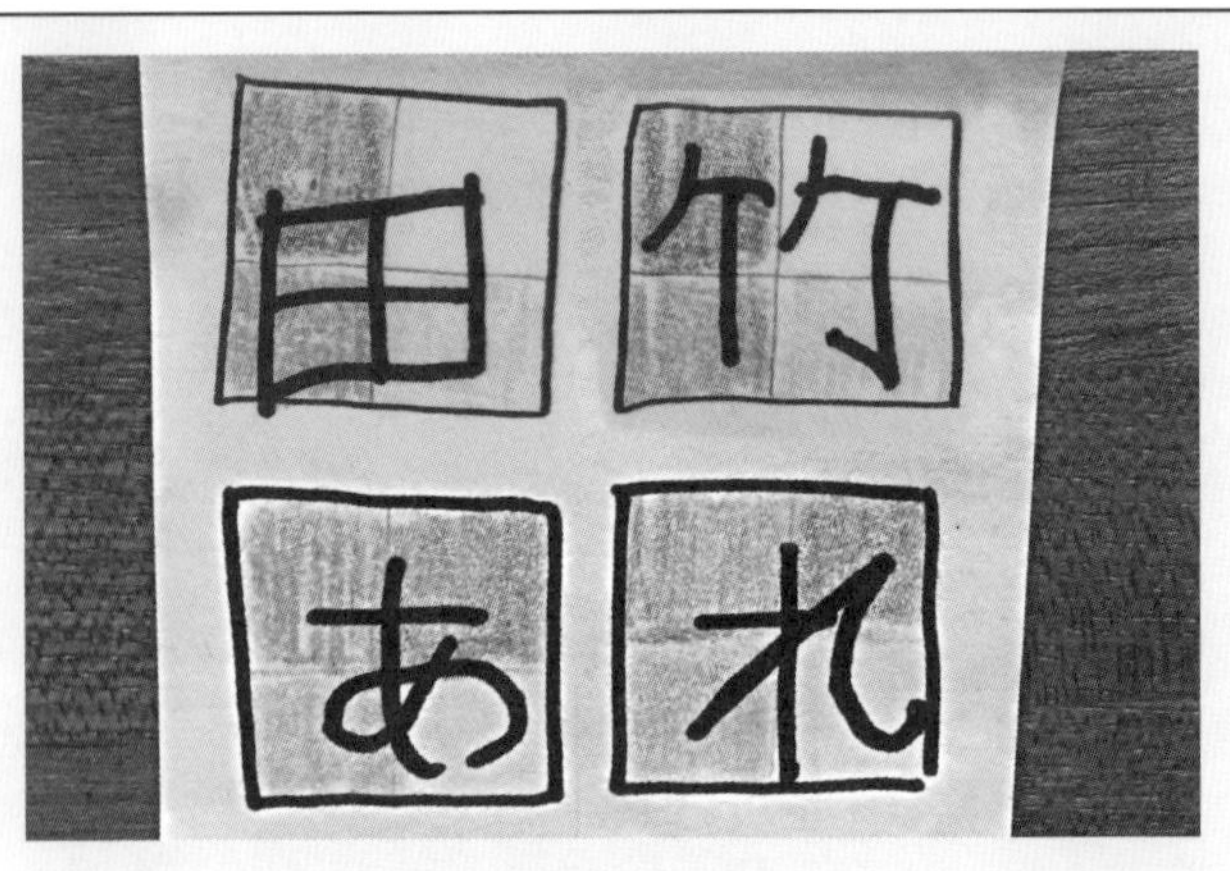

色分けしてあると、書き始め、書き終わりなどの位置が捉えやすくなる。

ペンで塗り分けましょう。その上から見本の文字を書き、何色の部分にどのパーツがあるかを一緒に確認します。

次に、同じマスを作り、子どもに見本を見ながら書くよう促しましょう。なるべく大きいマスにしたほうが、細部までわかりやすくなります。

文字の大きさがばらけたときは、「見本の文字と同じくらいの大きさで書こうね」などとやさしくフォローを。汚い字をとがめるのではなく、「この字はすごくきれいに書けたね！」など、いい点をほめて自信をつけさせます。

「『お』は、よこ、たて、くるりん、ちょん」などとリズムに合わせて書いて聴覚を

対策2  漢字は分解。パズル感覚で遊びながら覚える

「『五』回、『口』で『言』って『語』る」など、ストーリーを作るとさらに覚えやすい。

刺激したりすれば、より文字を覚えやすくなると思います。

また、書き取りのときは、**滑り止め加工のある下敷き**を使うと、手に振動が伝わるので、力のコントロールができ、とめ・はね・はらいもしやすくなります。

プラスチックの下敷きは滑りやすく、書いている感覚が手から体に伝わりにくいことがあります。

対策2 漢字はパーツに分けて覚える

左右の感覚が捉えづらい子は、「へん」と「つくり」を左右逆に覚えてしまったり、鏡文字を書いてしまったりすることも

あります。

漢字のへんやつくりをよく間違える場合は、遊びで覚えましょう。

覚えたい漢字をパーツに分けて対策2の図のようなカードを作ります。カードを組み合わせて漢字を作る手本を見せて、一緒にいろいろなパーツを組み合わせてパズル遊びをしましょう。

部首同士を組み合わせて遊ぶかるたなどの市販品もあります。最初は少ない枚数で組み合わせ遊びを楽しみ、慣れてきたら枚数を増やすといいでしょう。

また、紙にわざと間違った漢字を書き、「どこが間違っているでしょうか？」と間違い探しをするゲームもおすすめです。漢字の細部まで注意を払う習慣が付くでしょう。

対策3　板書を撮影して書き写してもいい

黒板の文字をノートに書き写す場合、大きな視線移動が必要となります。そのため、板書をノートに写すのが苦手になることがあります。

こういう場合は、なるべく頭や目を動かさずに、近い位置で同時に見比べができる

対策3 point 目の動きを極力小さく。近い位置で同時に見比べられるように工夫する

工夫が効果的です。

たとえば、タブレットなどのカメラで黒板を撮影して、それを近くに置いて見ながらノートに書いたり、黒板の内容を書いたプリントやメモを先生に用意してもらったり。それが無理なら、隣の子のノートをあとで見せてもらってもいいでしょう。

まずは自宅で授業のシミュレーションをして、これらの方法を実際に試してみます。

お子さんができそうな工夫が見つかれば、学校でもやらせてもらえないか、担任の先生に相談してみましょう。

うちではこうしました！

- 筆圧が弱くヨレヨレの字になってしまいます。小学校では「タブレット」を使っています。（11歳男児）
- 筆圧やバランスが悪いのですが、指摘すると激昂。そこで、学習支援がメインの放課後デイを利用して、母親ではない「第三者に指導」してもらったら、素直に聞いています。（11歳男児）
- 板書を写すのが苦痛で学校を行き渋りました。3年生のときに「板書を一切とらなくてもいいけれど、テストだけはやる」と約束しました。少しずつ書くことを増やしていき、5年生になった今は板書を写しています（10歳男児）
- 国語が苦手です。漢字は、発達障害の子ども向けのドリルを使っています。（9歳男児）

まとめ

多少文字が汚くても
OKとし、いい点をほめ
て自信をつけさせてあげ
ましょう。

ケース

3

文章問題が苦手

文章を見ただけでは問題の内容をイメージできないのかも

プリントやテストなどで、前半の計算問題はスラスラ解けるのに、後半の文章問題になると、途端に手が止まってしまう子がいます。

文章問題が苦手な理由には、文章が読めない、理解できない、式が立てられない、計算が苦手など、いろいろな要因が考えられます。文章を読んだだけで問題の内容をイメージすることができない子は、計算式を立てることが難しく、「どうして、たけしくんはお兄さんよりあとから家を出たのかな？」「『ある数に2をかけると』の、『ある数』ってなんなの？」などと**関係のないところが気になって、必要な情報を抽出できなくなってしまう**場合があります。

また、文章問題には、ものや人の名前など、数字以外の言葉がたくさん書かれてい

しょうたさんは5つ
けんじさんは3つの
みかんをもっています。
2人あわせていくつの
みかんがありますか。
「のこりは」って
なに？
「あわせて」って
どういうこと
さくらさんは7ほんの
えんぷつをもっています。
おとうとに3ぼんの
えんぴつをあげました。
さくらさんのもっている
えんぴつののこりは
なんぼんでしょうか。

たり、「＋」が「あわせて」などの語句に置き換えられていたり、「～のばあいは」といった仮定の言葉が出てきたりするため、つい惑わされて、間違った式を立ててしまうこともあります。

文章を読んで理解するだけで時間切れになる経験を繰り返していると、「文章問題を見ただけでイヤになる」という苦手意識が助長されてしまうかもしれません。

問題文が短くて簡単なうちに、文章を読み解くコツを教えておくと、長文になってからも理解しやすいです。

対策1　数の動きを見える化

問題文に合わせて、色違いのブロックを

対策1 point 問題文に合わせてブロックを使って式を再現する

用意します。混乱しないように、形はできるだけ同じ見た目のものをそろえましょう。

対策1の図のように、問題文に合わせてそれぞれのブロックを必要な数だけ並べて、問題文に合わせてブロックを移動させることで、問題をイメージして整理する力を育むことができます。ブロックの色と同じ色のペンで、問題文の数字を囲んだり、マーカーで色分けしたりすると、よりわかりやすくなるでしょう。

慣れてきたら、ブロックを使わずに○と●などの印を絵に描いてイメージできるようになると思います。

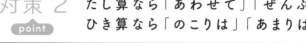

対策2 point たし算なら「あわせて」「ぜんぶで」。ひき算なら「のこりは」「あまりは」

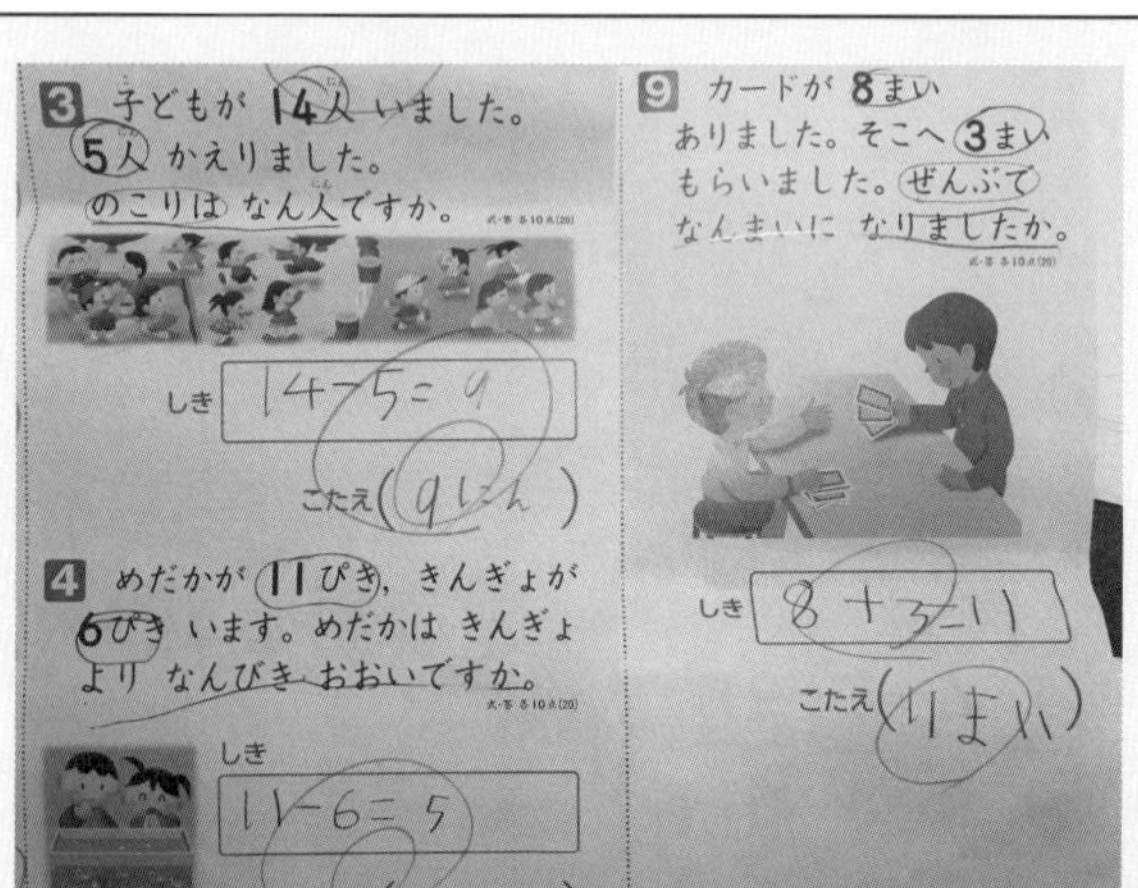
3 子どもが 14人 いました。
5人 かえりました。
のこりは なん人ですか。
しき 14−5=9
こたえ（9にん）
4 めだかが 11ぴき，きんぎょが
6ぴき います。めだかは きんぎょ
より なんびき おおいですか。
しき 11−6=5
こたえ（5ひき）
9 カードが 8まい
ありました。そこへ 3まい
もらいました。ぜんぶで
なんまいに なりましたか。
しき 8＋3=11
こたえ（11まい）

対策2 文章中のキーワードに印をつける

問題文を読みながら、たし算なら「あわせて」「ぜんぶで」、ひき算なら「のこりは」「あまりは」など、式を導き出すヒントとなるキーワードに印をつけさせましょう。何度も繰り返すうちに、語句を見ただけで「これはたし算だな」「これはひき算だ」とわかるようになってくると思います。

また文章問題には、次の例のような仮定の表現が出てくることもあります。

「4人の生徒に鉛筆を2本ずつ配るとすると、鉛筆は何本必要ですか」（掛け算）

「20人の生徒を5つの班に分けた場合、一

対策3 家族でケーキを等分したり…ふだんの生活の中で式を立てる練習

つの班は何人になりますか」(割り算)

こうなると途端に混乱する子がいますが、「4人の生徒に鉛筆を2本配ります」「鉛筆は何本必要ですか」、「20人の生徒を5つの班に分けます」「一つの班は何人になりますか」と文章を分けてあげると、理解できる子も多いようです。

対策3 日ごろから式を立てる習慣を作る

文章問題を理解して、自分で式を立てることに慣れるために、ふだんの生活でできることがあります。

たとえばお菓子を配るときに、「クッキーは一人3個ずつね。パパとママとあな

うちではこうしました！

- 文章問題が苦手なのですが、人に聞こえないくらいの大きさで声に出して読ませ、数字に「○」、キーになるに言葉に「線」を引かせています。これをすると、なぜか問題が解けるみたいです。（9歳男児）
- 筆算など計算の羅列は見にくいようで疲れるため、指定のノートでない自由帳に文字の大きさを限定せず書かせています。文章題は読んでも理解しにくいため、親が代読して解かせています。（10歳男児）
- 文章問題がパッと見てわからないと拒否反応を示します。しかし、親に説明されるのはいやがるので、タブレット学習を取り入れています。（10歳男児）

たで分けるなら、クッキーは全部でいくついるかな？」などとお子さんに質問しましょう。いきなり「9個！」と答えを出したら、「どうして？」などと質問をして、式を口に出させるようにしましょう。

まとめ

数を目に見える形で示してあげると、数字のイメージがしやすくなります。

ケース

4

作文や日記を書くのが苦手

できごとをイメージしたり
まとめたりするのが苦手なのかも

とても明るくておしゃべり、話したいことが次から次へとあふれてくる子が、作文や手紙、日記などになると、途端に自分の思いを書けないことがあります。

日記や作文を書くと、「遠足で水族館に行きました。楽しかったです」とそっけなく、テーマや行った場所が変わっても**「楽しかった」のワンパターン**。

読書感想文では、えんえんと本のあらすじを書いて、「とてもおもしろかったです」で終わり。そのときにどう感じたかなど、自分の心の描写を書くのが苦手です。

そもそも書き出すのに時間がかかり、書き始めてからも鉛筆が進まず、途中で放り出したりするので、授業の時間内に書き終わらないこともあるでしょう。

そんな彼らに「もっと詳しく」「感想をしっかり書きなさい」などの抽象的な指示

をしても意味がありません。なぜ書けないのか、まず原因を探りましょう。

多くのできごとの中から何について書くのか選ぶことが難しかったり、書くべきことを頭の中だけでイメージするのが苦手なのかもしれません。

また、書くべきことが見つかっても、バラバラの素材を整理して、一つの文章にまとめるのが難しい場合もあります。

あるいは、「○○へ行った」「○○を見た」という事実は書けるのに、より詳しい状況や、そのときにどう感じたかなどを思い出せないのかもしれません。

それぞれの原因にていねいに対応して、少しずつ作文への苦手意識を取り除きま

対策1 point できごとを思い出して作文のネタになる材料を探す

しょう。

文字の間違いやていねいさ、作文のルール間違いなどをいちいち指摘すると、書く意欲自体をなくすことがあります。最初はおおらかに接して、状況や気持ちを素直に書き出すことを目指しましょう。

学校の先生にも理解をお願いして、「何枚以上書く」という規制をしない、休み時間を使って時間を長めに与えるなどの配慮をしてもらえるといいですね。

対策1 写真やビデオを見ながらイメージ

何の手がかりもなく、作文のテーマをイメージしたり、できごとを思い出したりするのは難しいかもしれません。この場合は、写真やビデオ、遠足の行程表などを見せることでイメージがしやすくなるでしょう。

おうちの方が**インタビューする**のもいい方法です。「昨日動物園に行ったね。どんな動物がいた？」「どの動物がおもしろかった？」「それはどうして？」などと聞くうちに、「ゾウが鼻でくるっとバナナを巻いて食べていて、器用だなーと思った！」などと、そのときの状況や自分の気持ちを思い出せるでしょう。

「楽しい」「うれしい」「くやしい」などの感情が動いた場面や、体を動かした場面は、記憶に残りやすいので書きやすくなります。

遊びに行ったその日にすぐ、できごとを振り返れば、記憶に残りやすいので作文を書きやすくなるでしょう。

対策2　作文を書き始める前にメモを取る

いきなり作文用紙に書き始めると、途中で構成を間違ったときに消したり書き直したりするのが0になり、書くのがいやになってしまいます。

どんな順番で文章を作るかなどの構成を考えるためにも、まずメモを取るよう、促

対策2 いつ、どこで、何を……。最初にポイントを確認しておくと書きやすい

しましょう。いつ、どこで、何をしたのかを時系列に沿って書きます。

子どもがメモを書くのを面倒くさがるなら、最初は親が子どもにインタビューしながら、子どもの答えをメモしてあげてもいいですね。

メモができあがったら、それを見ながら、「はじめに言うこと」「まんなかで言うこと」「おわりに言いたいこと」に分けて、文章に起こす順番を決めます。

最初は、「『いつ』『どこで』『だれと』『何をしたか』を書こう」などと、構成のヒントを教えます。あくまでヒントのみで、「『昨日家族で上野の動物園に行きました』と書くのよ」などと、文章をそのまま教えるのは避けましょう。

お子さんが自分で情報を整理できるようになるまでは、一緒にメモを作ったり、隣でヒントを与えたりしてあげてください。

対策3 作文用紙の使い方・書き方のルールをまとめる

書きたいことはわかっているし、文章の構成も考えられるのに、作文に時間がかかる場合もあります。

もしかすると、作文用紙の使い方がわからなかったり、書き方のルールが多すぎて覚えられず、面倒になったりしているのかもしれません。

こういうときは、作文のルールがいつでも確認できるように、対策3の図のような「使い方シート」を用意しましょう。ネットでもダウンロードできる素材がありますが、学校のルールとは少し違う場合もあるので念のため担任に確認をしましょう。

シートを手元に置きながらであれば、気になるときにすぐに確認ができるので安心して作文を書けるでしょう。

対策3 point 作文用紙の使い方をシート1枚にまとめておくと、すぐ確認できて便利

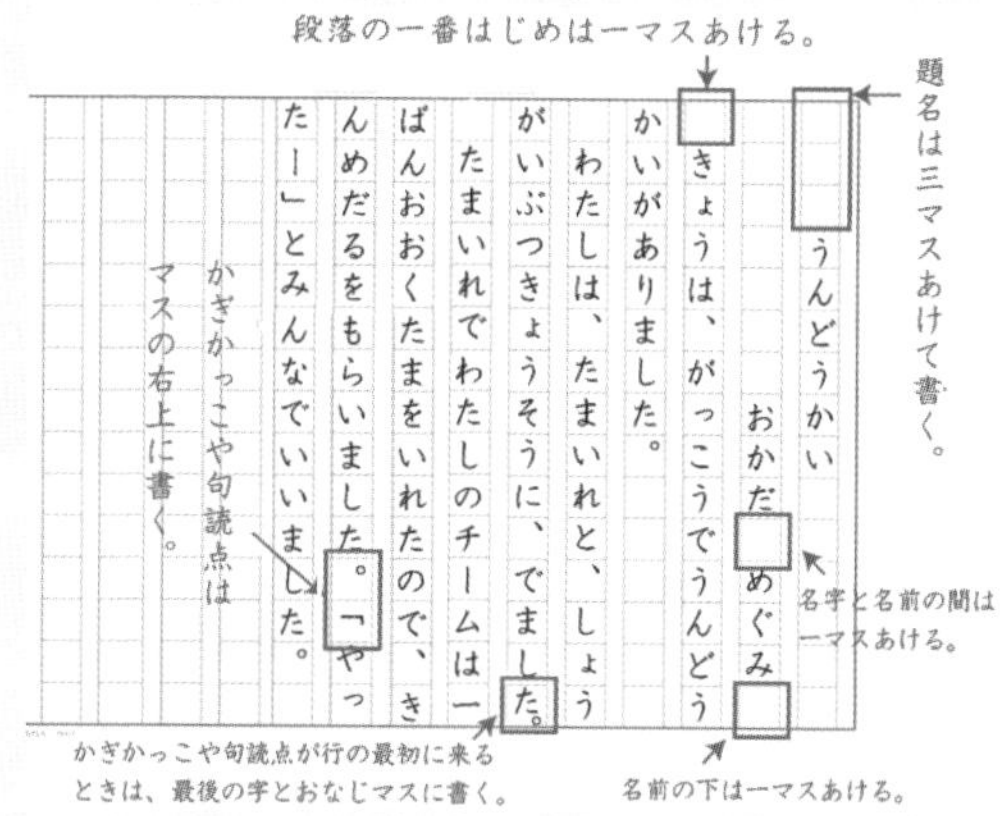

まとめ

文字や言い回しの正確さは二の次でOK。短文でも、自分の思いを文章にできたことをほめてあげましょう。

うちではこうしました！

- 日記の宿題があるが、一人で全然書けません。会話ができたり、状況の説明はできますが、それを文章にするのは難しい様子。親が「今日は何をした？」と聞いて、答えについては「じゃあ、それを書こうか」と毎日促しています。（7歳男児）
- 日記を必ず宿題に出してもらっています。家で、私が本人と話しながら文章を一行おきにノートに書いたあと、本人がそれを見ながら隣に書くようにしています。（9歳女児）

ケース

5

学習用具をうまく使えない

左右で違う動作をするのが難しいのかも

定規で線を引くときにも、消しゴムやコンパスを使うときにも、左右の手が別々の動きをする「協応動作」が必要です。手先で細かい動作をするのが苦手で、左右で違う動作をすることに慣れていない子は、定規や消しゴムをうまく使えないかもしれません。

定規で線を引こうとすると、いつも定規がずれてしまい、まっすぐな線が描けなかったり、途中の線が曲がってしまったり、消しゴムを使うと、力が余ってノートが破れたり、ぐしゃぐしゃになったり、隣の字まで消してしまったり……。

こうしたことが何度も続くと、定規や消しゴムを使うのがいやになってしまいます。授業にも集中できず、宿題も面倒になってしまうかもしれません。

学習場面では必ず使う道具を上手に使えるようにするには、どうすればよいのでしょうか？

対策1 子どもが使いやすい道具をそろえる

まずお子さんにとって使いやすい道具を用意するのが一番です。

滑りにくい定規や、弱い力でも字が消える消しゴムなどを選んでみましょう。**使うときのストレスがなくなれば、少しずつ細かい動きに慣れ、上手に道具を使えるようになる**でしょう。

定規で線を引いたり、消しゴムで字を消したりするときには、主に利き手ではない

対策1 point 使うときのストレスを減らしたり、やる気にするために道具を一工夫

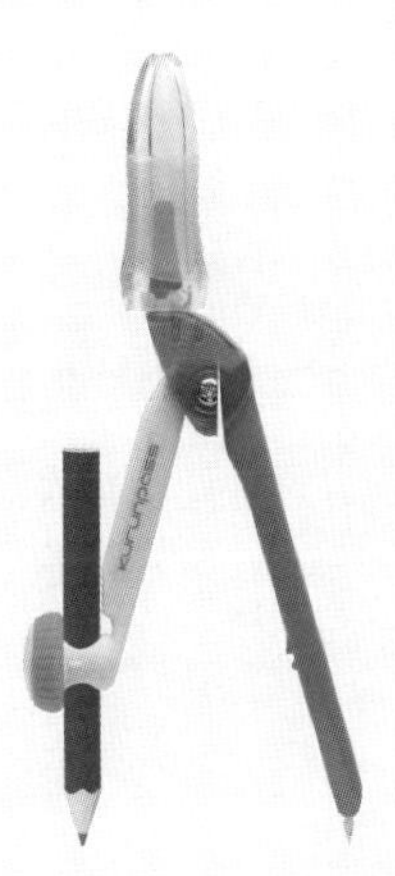

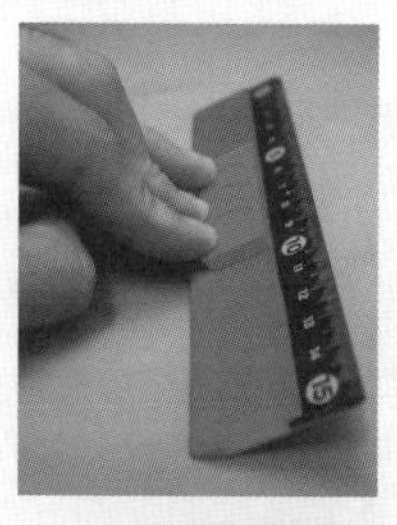

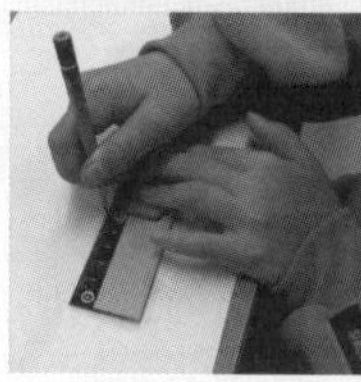

（左）キャップを握って、くるくる回転するだけで円が描ける「スーパーコンパス。くるんパス」。販売：株式会社ソニック

（右）滑らず押さえやすい定規「Qスケール15」。販売：株式会社ゴムQ

ほうの手で、しっかりと定規や紙を押さえておくのがコツです。

しかし、実際には鉛筆を持った手や、消しゴムを持つ手に意識が行ってしまうため、定規がずれたり、紙がよれてしまったりするのです。

プラスチックの定規はツルツルしているため、「触っている」「押さえている」という感覚を自覚しづらいものです。定規を押さえている感覚が協調されるように、定規の上に紙ヤスリやスポンジなど、指先に刺激が入るようなアイテムを貼り付けるといいでしょう。また、四角い消しゴムに両面テープを貼り、定規の真ん中に貼れば、さらに定規を押さえやすくなるでしょう。

押さえるべき定規や紙が滑らないよう、定規の後ろにビニールテープを貼って滑り止めにしたり、紙の下に滑り止めのついた下敷きを置いたりするのもおすすめです。

対策2 慣れるまで大人がサポートする

消しゴムで文字をきれいに消せないと、失敗したあとが残って文字が読みづらくなったり、隣の文字まで消してしまって二度手間になったりして、イライラしてしまい、消しゴムを使うのが面倒くさいというお子さんもいます。

最初のうちは、親がサッと消してあげてもよいでしょう。

もしお子さんに自分で消そうとする様子が見えたら、はじめは**親が紙を押さえてよれないようにしながら消させたり、邪魔になった消しカスをどけたり**してあげましょう。

そして、徐々にこうした子どもの代行サポートを減らしていくのがおすすめです。

消しゴムを使うのが苦手な子の場合、間違いを訂正されるのがいやという、心理的な原因が働いている場合もあります。

「この字間違ってる。もう一度書いて」と無理に文字を消させるのではなく、隣に新

はじめは子どもの代わりにサポート。徐々に親の介入を減らしていく

しく、もう一度書いてもらいます。
「ここをもう少し伸ばすといい字になるから、もう一つ隣に書いてみてくれる?」などと、前向きな言葉をかけてあげるとよいでしょう。

対策3 左右の手を同時に別々に動かす練習をする

左右で別々の動きをする「協応動作」は、次の三つの段階を経て身に付きます。

①左右の手を同時に動かす
②左右の手を交互に動かす
③左右の手が別々の役割を果たす

たとえば、ビーズを紐に通してアクセサ

対策3 point 「ふたを開ける」などの日常動作であれば手軽に練習できる

リーを作ったり、ハサミを使った工作は、両手の協応動作を育てることになります。

また、粘土遊びをすれば、「まるめる」「ちぎる」「左右に引っ張る」などの動作をすることで、左右の手を同時に動かすことができます。

ジャングルジムをよじ登ったり、手押し車で前に進んだりする遊びは、左右の手を交互に動かす練習になります。

ペットボトルのふたを開けるなどの日常動作は、自然に左右の手が別々の役割を果たすことになります。

もちろん、これらの遊びができれば、定規や消しゴムがうまく使えるというわけではありません。

しかし、**基礎的な運動能力を引き上げる**ことにつながります。左右の手を動かすにつれて手指の感受性が豊かになり、細かい動作が少しずつできるようになってくるかもしれません。

いずれも大人が「訓練のため」と気負ってやらせるのではなく、お子さんが楽しく遊びながら取り組めることが大切です。

まとめ

「でき」については気にせず、子どもが楽しく手指を動かせていればOKとしましょう。

うちではこうしました！

- 手先が不器用で上手にできないことを気にしており、苦手意識も持っているため、段取りを考えて、作業を細分化し、やりやすくしてあげています。（7歳女児）

- 左利きの子。幼稚園の年長時、箸を持てない、鉛筆が握れない、字が書けない、ハサミが使えないなどの困りごとがありました。左利き用の補助道具が近くに売っていなくて、個人で練習することに限界がありました。支援センターで作業療法士と一緒に練習することで、ハサミと鉛筆は持てるようになりました。箸は、一年生の後半に、泣きながら練習させたおかげで、今は何とか使えています。子ども用の箸が使いづらかったようで、長い大人用を持たせたら、うまく使えるようになりました。（7歳男児）

- 定規やコンパスやリコーダーなどの道具を、うまく使いこなせません。定規は滑り止めの付いたものを使用。コンパスは握って書ける補助道具に4Bの鉛筆を付けて使用。リコーダーの穴にも、補助シールを付けて使用。楽器の練習は疲れてしまうので、一日5分だけと決めて、毎日少しずつ練習するようにしています。（8歳女児）

- ペットボトルのふたをいまだに開けられず、とくにエコボトルは柔らかいので力の加減が難しく苦戦していました。ほんの少しだけふたを回したものを開けさせて、感覚を覚えさせるうちに、開けられるようになってきてはいます。あと少しで完璧。（10歳男児）

ケース

6

図画工作が苦手

目と手の協応性に問題があるのかも

ハサミやのりが上手に使えない、絵を描いたり色を塗ったりするのが苦手、紙の角をそろえて折ることができない……。

こうした手作業が苦手な子や、手指に力を入れづらくてハサミや鉛筆などの道具をうまくコントロールするのが苦手な子は、図工の時間がしんどくなるかもしれません。絵を描いたり工作をするときには、左右の手で別々の動きをする協応動作が必要ですが、これが苦手な子もいます。

さらに、目で確かめながら、狙いを定めて紙を切ったり、筆を置いて絵を描いたりするためには、目と手の協応性が必要です。この協応がうまくいかない場合は、見たり思ったりした通りに手を動かすことが難しいこともあります。

どうしてまがっちゃうの〜
なんでかしらね〜?

高学年になると裁縫の授業も始まり、工作よりもさらに難易度が上がります。

なるべく早いうちに、こうした手作業の苦手意識を取り払ってあげるとよいでしょう。

対策1 作業しやすい環境を整える

図画工作が苦手な子の中には、のりが手に付くのをいやがったり、粘土のベトベトした感覚が苦手だったり、絵の具のにおいが苦手だったり、感覚的な過敏性がかかわっている場合もあります。

たとえば、のりが手に付く感覚をいやがる場合には、ぬれタオルを用意して、いつ

感覚の過敏性に注意して、抵抗なく使える道具を用意する

でも手をきれいに拭けるようにしておくとよいでしょう。

小麦粉粘土やスライムなど、のりと近い感触のもので遊ぶのもおすすめです。

事前にやることがわかっているものに関しては、**家庭で事前に練習しておいたり、授業で使う材料に触らせておく**などしておくと、抵抗なくできるかもしれません。

とは言え、どうしてものりをいやがるなら、学校ではスティックのりやテープのりを使わせてもらえないか、学校に相談してみましょう。

また聴覚過敏があるお子さんの場合、クラスが騒々しいと、その場で作業することが難しいこともあります。この場合も、落ち着ける環境を用意できないか、担任の先生に相談をしてみるとよいでしょう。

対策2　制作手順や見本を示す

作業手順がわからなくて苦手意識を持っている子には、手順がわかりやすい見本を示してあげましょう。

紙の端と端をそろえるなど、目で見て思った通りに手を動かすのが難しい場合は、視覚を補う工夫をしてあげます。紙に折れ線を書いてあげたり、そろえるべき角に穴あけパンチで穴を開けたりして、ポイントを示します。

のりで紙を貼るときにずれてしまう場合は、のりを貼る場所にペンなどで印をつけてあげるといいでしょう。また、貼るものと台紙を違う色の紙にすると、混乱しにくくなります。

図工の他、技術・家庭など、移動が必要な授業の場合は、クラスの環境が変わるため、どうしても注意散漫になりがちです。

作業が粗い子の場合、時間よりも早く終わって手持ち無沙汰になり、ウロウロと立

対策2 ポイントに目印をつけてやり方や手順をわかりやすく示す

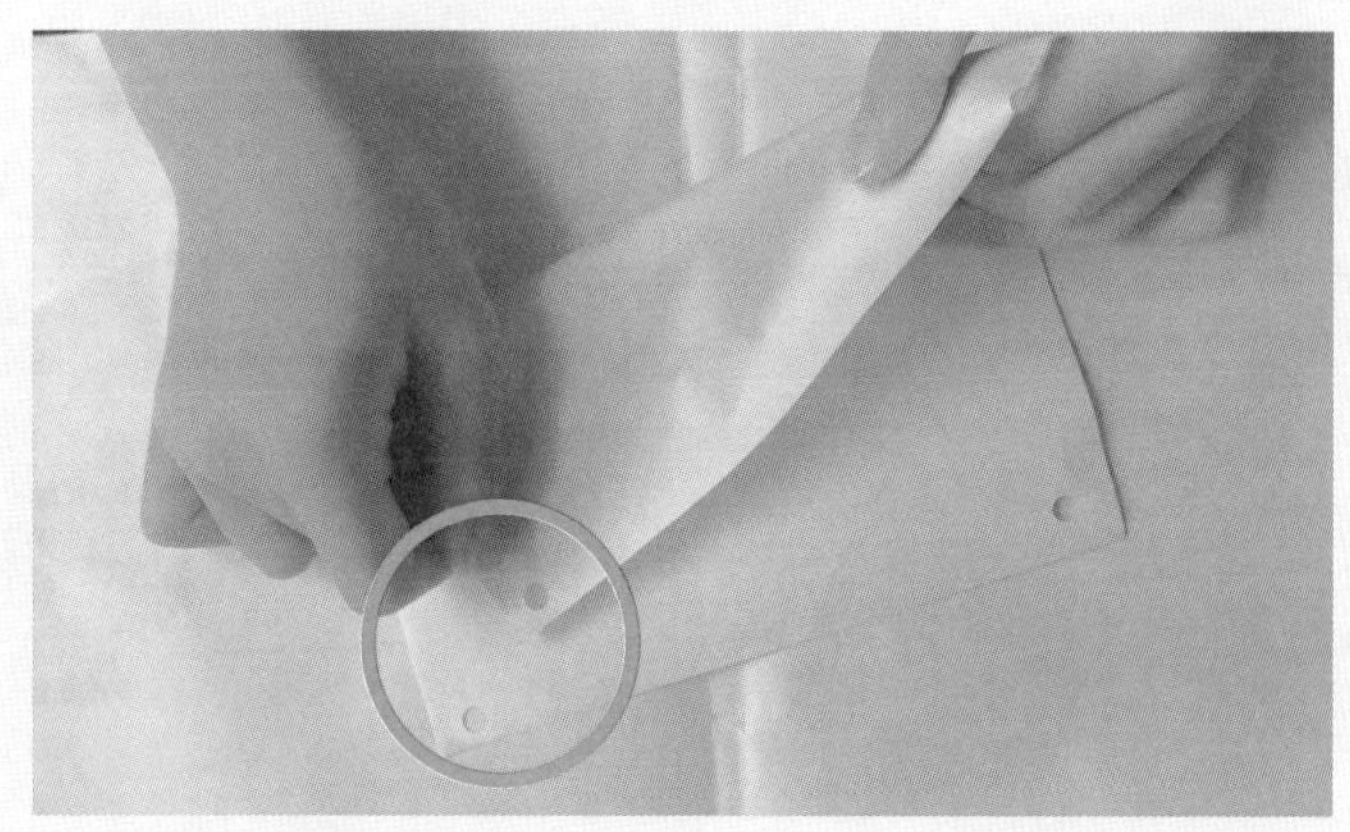

紙の角と角に穴を開けて、それを目印にすると、折り重ねやすい。

ち歩いてしまうこともあるかもしれません。

そういう子には、終わったあとの残り時間に、もう一枚絵を描かせるなど、追加で作業を与えてもらうとよいでしょう。

対策3 スモールステップで手指を動かす練習

手指の力を育むには、粘土を押しつぶしたり、パン生地をこねたりといった、指先で何かを押さえつける動作が有効です。

また、**人差し指に絵の具をつけて紙の上で滑らせる遊び**をすれば、紙を折るときに指の腹を使ってしっかりと折り目をつける練習になります。

他にも、絵の具の筆でいろいろな太さの線を書いて指先の力に強弱をつけたり、お金を貯金箱の穴に入れたりといった動作で、**手指のコントロール力**をつけましょう。紙の下に硬貨や葉っぱなどのでこぼこしたものを置き、上から鉛筆やクレヨンで塗りつぶす遊びをすると、振動や衝撃が指に伝わり、手指の感覚を感じやすくなります。

手作業が苦手な子の中には、ハサミを使うときに、連続してジョキジョキと刃を動かすのが難しいお子さんもいます。

その場合は、細長い紙を1回で切り取る練習から始めましょう。「切れた！」という感覚をつかめたら、次は太い紙を用意して2回ハサミを動かして切れるようにします。それもできたら、さらに太い紙を用意して連続で切ってみましょう。

上手に「ジョキジョキジョキ」と連続して刃を動かせるようになったら、四角や丸などの図形の切り落としに挑戦してみましょう。「ハサミを動かすのではなく、紙を動かすと上手に切れるよ」と教えてあげてください。

「ハサミの練習」と言ってやらせるよりも、「次はカーブさせて切ってみよう」「紙吹雪を作ろう」などと誘うほうが、子どものモチベーションが引き出せます。

最初は簡単な作業から少しずつ練習する

まとめ

手先が不器用なお子さんは、道具を使いやすいものに変えてあげましょう。それだけで、苦手意識をだいぶ取り払うことができます。

うちではこうしました！

- 絵画や工作などの図工が全般的に苦手。写生大会など事前にわかっているものは、前日に一度だけ描き方を練習しています。工作で使う材料にも、事前に触らせるようにしています。苦手意識が強くならないように、絵や工作は、行ったこと自体をほめて、完成度は求めず、得意な運動に気持ちを切り替えています。（7歳男児）

ケース

7

体育全般が苦手

体育の授業に参加したがらない

Mちゃんは小学校の体育の授業が嫌いです。

体操では、みんなと同じ動きがなかなかできません。一生懸命に先生の見本を見るのですが、いつもワンテンポ遅れたり、動きがぎこちなくなったりします。手の動きに注目していると、足の動きを忘れてしまったり、左右で違う動きになると、途端にまねできなくなります。運動会でのダンスも、一人だけうまく踊れないため、いつも居残りで練習させられてしまいます。

ボールとの相性も悪く、ドッジボールでは味方にパスをするつもりがうまく投げられず、いつも敵にボールを獲られてしまうので、だれもMちゃんにボールを回さなくなってしまいました。

クラス対抗の長縄とびでも、いつもMちゃんだけがひっかかってしまうので、練習のある期間はゆううつです。

マット運動や跳び箱も苦手で、うまく転がったり、ジャンプをしたりができません。

とにかく運動全般が苦手なので、休み時間もお友だちと外に遊びに行くことはなく、体育のある日は朝から泣いて、親を困らせてしまいます。

対策1 やりやすい環境を用意する

体育の授業に参加したがらない理由として考えられるのは、まず心理的な要因です。

子どもが体育をいやがる理由の背景に、

対策1 大勢の前ではなく、一対一で実技をさせる

何があるのかを探ってあげることが大切です。

経験したことがないために嫌がっている場合は、**DVDやYouTubeなどの動画を見せて、何をどうするのか映像で理解させてあげる**とよいでしょう。子どもも、やることが見てわかるので安心できると思います。

体育や音楽の授業は、国語や算数などの集団の授業とは異なり、一人ひとり実技を行ったり、演奏を行ったりする機会があるため、できないと目立ってしまう可能性が高くなります。うまくできなくて、クラスメイトから笑われたり、冷やかされたりすると、自信もなくなってしまうでしょう。

こうしたこともあって、苦手な子どもは、「みんなの前で晒し者になるのは恥ずかしい！」と思っていることがあります。

担任の先生にお願いをして、みんなの前ではなく、個別に別室に呼んで実技をやらせてもらうとよいでしょう。人目を気にせず行えるので、子どももやりやすいと思います。

家であれば、他の人の視線も気になりませんので、練習するなら、家で思う存分やるとよいでしょう。

対策2　苦手な活動を日ごろから家庭で練習

特定の動作が苦手で、体育の授業に参加したがらない場合もあります。

そんなときは、家庭でもできそうなものについては、日ごろから練習させておくとよいでしょう。

たとえば、鉄棒の逆上がりが苦手な子には〝踏み台〟などのサポート器具を用意して練習させたり、縄跳びが苦手な子にはフープを縄の代わりにして跳ぶ〝フープ縄跳

対策2 point サポート器具を使って やりやすいように練習方法を工夫

び〟の方法をすすめてもいいでしょう。

ドッジボールが苦手な子には、あたっても痛くないビーチボールを使ったり、投げるのが苦手な子は逃げるだけでもよいことにしたり、横投げでも大丈夫にするなど、**ルールを子どもができる内容に変更**してあげてもいいですね。

ダンスが苦手な子には、動画を見せてあげるとよいでしょう。手足の動かし方がリアルにわかるので真似がしやすいと思います。

運動が苦手な子に、何時間も同じことを無理に練習させるのは得策ではありません。運動はスパルタで教えても、子どもに苦手意識がついてしまうだけです。

大切なのは、つまずき度合いに合わせてスモールステップで成功体験を積ませ、自信をつけさせてあげることです。

運動神経のよしあしは遺伝性だけで決まるものではありません。

必ずできるようになるとは限りませんが、体を動かす経験を増やせば、自然と状況が改善されることもあります。

苦手だと思い込むと、ますます体を動かさなくなってしまいます。

ご家庭でもできそうな運動から挑戦して、少しずつ体を動かす経験を増やしていけるといいですね。

まとめ

つまずき度合いに応じて、日ごろから体を動かす機会を増やし、小さな成功体験を積ませていきましょう。

うちではこうしました！

- 縄跳びや跳び箱が苦手。運動が苦手だったので、体を動かすために年少から体操教室に行き始めました。当初は並ぶことすらできませんでしたが、今では楽しく通っています。（7歳男児）
- ドッジボールでボールをとって投げることが困難なので、ボールから逃げる猛特訓をした結果、内野で最後まで残れるようになりました。逃げ切ることも立派な戦略。（7歳男児）
- 長縄が苦手。先生に合図を出してもらい、そのときに入るようにしました。トランポリンなどで跳躍練習を行っています。（9歳男児）
- ダンスが苦手で、運動会の練習に参加しませんでした。担任から振り付けDVDをもらい、自宅で一緒に練習したり、学校での練習はそばで先生に盛り上げてもらったりして、無事に本番に臨むことができました。（7歳男児）
- 運動全般が苦手。動きを細かく区切って説明したり、動画で見せたりするとできる場合もあります。（8歳男児）
- とにかく体を動かすのが苦手で、自尊心を喪失していました。体操教室に通い、「笑って楽しく体を動かすと、人生も楽しいよ」と肌で感じさせてもらえたことで、今ではバスケ部に入れたくらい、前向きになってくれました。（11歳男児）
- ボール、縄跳び、自転車などがまだ難しい。OT（作業療法）で訓練してもらっています。（8歳男児）

column 6

カミングアウト

カミングアウトとは

カミングアウトとは、これまで公にしていなかった、人に知られたくないことを告白すること。ここでは、発達障害であると公表することを意味しています。

このたびLITALICO発達ナビさんの協力のもと、アンケートをとりました(※)。

Q. 周囲にお子さまの障害をカミングアウトされていますか?

はい…62%
いいえ…24%
未診断…14%

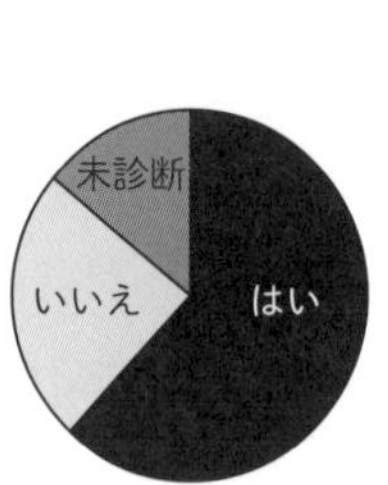

Q. カミングアウトのきっかけは?

診断がおりたときや、入園・入学のタイミングで、先生や周りの保護者にカミングアウトする人が多数。クラス替えのたびに、保護者会で伝えているという人も。悪い印象を持たれるのを避けるためにカミングアウトをしたという保護者が多く見られました。

カミングアウトする理由

・学校の先生へ

診断があることを先生に伝えることで、本人の苦手なことが努力不足やわがままではないことを理解してもらい、必要に応じて、個別的な配慮をしてもらうために行います。

・ほかの保護者へ

クラスの中で目立った行動をして浮いているとき、「この子変わってるな」と思われて、

※ LITALICO 発達ナビ（https://h-navi.jp/）ユーザー向けアンケート「発達が気になる小学生についてのアンケート」（回答数 :537 件、2019 年 5 月 10 日 ~17 日実施）より。

クラスの保護者の理解がないために、悪者扱いされないために行います。

一般的には、ごく親しい人や、本当にわかってほしい人にしか行いません。

カミングアウトすることで、プラスの面もマイナスの面もあり、聞かされる側に発達障害への偏見がある場合は、マイナスのほうが大きいこともあります。

するかしないかは、子ども本人とご家族の自由です。

大事なのは、そこに〝本人の意思〟があること。親が勝手に知らせてしまってはいけません。本人が知らせてほしくなかったということもありますので、カミングアウトは、本人に確認のうえ行うべきです。

だれに、どのように伝えるのかは、大きな問題です。学校の場合は、守秘義務があり、教師間で共有されるのみですが、クラスメイトの保護者の場合は、その限りではありません。

また、障害名を伝えるのか、特性のみ伝えるのかという問題もあります。

カミングアウトする場合は、本人参加で、メリット、デメリットを考えながら慎重に行うようにしましょう。

カミングアウトのよい点・悪い点

Q. カミングアウトして、どんなところがよかったですか?

診断前は「わがまま」「しつけがなっていない」と言われ続け、親子で大変つらい思いをしました。学校の対応が変わったおかげで、行き渋りも減り、がんばれることが増えたと思います。(9歳男児)

白い目で見られるできごとも「やっぱり」に、変わりました。周囲の方にも受け入れてもらっています。入学後の母子登校の理解も得られました。（7歳女児）

子どもが何かしでかしても、おおらかに見てもらえるようになりました。隠していたときのほうが周りからの当たりがキツかったので、早々にカミングアウトしてよかったと思っています。（9歳男児）

先生がよく見てくださるようになり、宿題をできる範囲だけにしてくれたので、親も子もストレスが減り、毎日宿題ができるようになりました。新担任にも、情報や対処法をうまくつないでくれました。（8歳男児）

非常勤の先生をサポートにつけてもらうなど、細かな支援をお願いできるようになりました。障害関係のサークルや講師の方を紹介してもらえました。（9歳男児）

本人に合う対応方法を、学校と家庭が一緒になって意見を出し合えるようになりました。定型発達の子なら当たり前にできることに、うちの子が参加できずにいても、無理しないでいいよと言ってもらえるようになりました。無理させずに済むのが、親としてもプレッシャーにならずに済み、とてもありがたいです。（8歳男児）

休日などに、一緒に出かけたり遊んだりすることが多いご家族には、障害のことを伝えました。やめられない、帰ることを拒んだりしてしまうとき、落ち着くまで待っていてくれるので助かります。（10歳男児）

しつけのせいではなく本人の特性だと理解してもらえるので親の気持ちがラクになりました。周りにサポートをお願いしやすくなりました。（10歳男児）

子ども会などの集まりの誘いに対し、「大きな集団での行事参加は、ストレスで状態が悪くなるので～」ときっぱりと断りやすくなりました。（11歳男児）

Q. カミングアウトして、どんなところがよくありませんでしたか？

障害に対しての学校の差別偏見が入学前にわかってよかったです。（8歳男児）

同じ発達教室に通っていたお母さんから、「なんで診断なんか受けるんですか？ ふつうだったじゃないですか？ 自分の子を障害児にしたいんですか？」みたいな感じで言われたときは、ショックでした。発達障害の理解がまだまだなのではないかと感じた瞬間でした。（8歳女児）

信頼できる方だと思って伝えた結果、その方の子どもさんは息子に冷たく接するようになりました。（10歳男児）

お友だちの家に遊びに行くときに、発達性協調運動障害のことを伝えました。でも今思うと、ちょっと運動オンチというくらいで、さほど他の子どもと変わらないので、言わなくてもよかったと後悔しています。それ以来、家に呼んでもらえなくなりました。かわいそうなことをしたなと思っています。（10歳女児）

column 7

小学校卒業後の進路の悩み

このたびLITALICO発達ナビさんの協力のもと、アンケートをとりました（※）。

Q. お子さまの進路に関する不安はありますか？

はい…84％／いいえ…16％

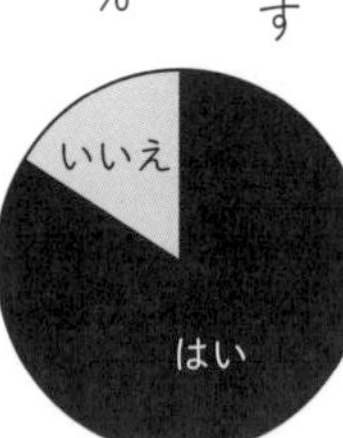

Q. どんなところが不安ですか？

・自立できるのか
・進学して学校に適応できるのか
・イジメや仲間外れに合わないか
・就職して社会になじめるのか
・恋愛や結婚ができるのか
・幸せになれるのか
・（親が）仕事を続けられるのか
・お金はどれくらいかかるのか
・親が亡くなったあとはどうなるのか（シングル、ひとりっ子家庭はとくに強い不安）

→年齢が上がるほど「不安」という回答が多数。障害はあるが手帳はもらえないケースの場合、「定型発達の子と一緒にやっていけるのか不安」「合理的配慮をしてもらえるのか不安」という意見が多く見られました。

Q. 不安を解消するために、何か対策をとられていたら教えてください。

障害児の親が集まるグループの場や、障害者グループホームに出向き、情報を得ています。（7歳女児）

みんな一緒を求められる公立学校は合わないかなと思い、国立・私立中学校について調べています。（8歳女児）

※ LITALICO 発達ナビ（https://h-navi.jp/）ユーザー向けアンケート「発達が気になる小学生についてのアンケート」（回答数：537件、2019年5月10日～17日実施）より。

当面は手帳を取れそうになく、支援学校への進学は難しいので、発達障害児を受け入れている学校の説明会や見学に行っています。フリースクールの情報なども見ています。（9歳男児）

現在、発達障害とグレーゾーンの境界線の非常に微妙な位置にいて、今後どうなるのかによって、進路も変わってきます。情報収集をしてイメージ作りはしていますが、予想通りにいかないことの連続なので、幅広い情報、偏らない考え方を持ち、柔軟な方向性を持つことを意識しています。（8歳男児）

＊＊＊＊＊＊＊＊＊＊＊＊＊＊＊

子どもの将来や進路の悩みは、障害の有無に関係なく、どの親にもあると思います。

現在は義務教育終了後も、配慮のある進学先や職場も増え、校内や職場の相談室や就労支援の制度も充実してきています。

地域には、なんらかの相談機関や支援者の方がおられると思います。

先輩の親であるペアレントメンターもおられます。

仮にそれらの方とうまく関係が取れなくても、他の地域には別の方がおられます。

信頼できる相談先や支援者を作って情報を集めれば、気付かなかった視点が得られますし、メンターの方の体験は共感でき、参考になると思います。

相談できる人を探すとき、最初は勇気がいると思いますが、一人で子育てを抱え込まず、一度しかない子どもの小学生時代を楽しく過ごしていけるよう、身近に相談できる人たちを作っていきましょう。

［監修］**井上雅彦**（いのうえ・まさひこ）

鳥取大学医学系研究科臨床心理学講座教授
同大学医学系研究科附属臨床心理相談センターにおいて、発達障害を中心とした多くの相談を受けながら、自閉症に関する臨床と研究に取り組んできている。専門は応用行動分析学、臨床心理学。公認心理師・臨床心理士・専門行動療法士・自閉症スペクトラム支援士エキスパートなどの資格を持つ。
著作に『家庭で無理なく楽しくできる生活・学習課題46』（学研、2008）、『家庭で無理なく楽しくできるコミュニケーション課題30』（共著、学研、2010）、『発達障害の子を育てる家族への支援』（共著、金子書房、2007）、『発達が気になる幼児の親面接：支援者のためのガイドブック』（共著、金子書房、2019）など多数。

［編集協力］LITALICO 発達ナビ

LITALICO 発達ナビ（https://h-navi.jp/）は、株式会社LITALICOが運営する、発達が気になる子どもの保護者・支援者向けポータルサイトです。発達障害をはじめ、発達が気になる子どもの子育てでの困りごとを解決するヒントや支援に関する情報を得ることができます。子育て記録・ユーザー同士の交流ツールであるダイアリー、発達障害に関わる情報を提供するコラムや子育ての疑問にこたえる親子のヒント、気軽に質問し相談し合えるQ&Aコーナー、共通の話題や関心でつながるコミュニティ、また発達支援施設情報を検索できるコーナーなど、発達が気になる子どもの子育てに役立つ情報を提供しています。

監修協力　白鳳短期大学リハビリテーション学専攻
高畑脩平（作業療法士）
執筆協力　岡未来（ことり社）
装幀・本文デザイン　小口翔平＋岩永香穂＋永井里実（tobufune）
イラスト　かなしろにゃんこ。

発達障害&グレーゾーンの小学生の育て方

2020年　1月24日 第1刷発行
2023年 10月　1日 第6刷発行

監修　井上 雅彦
発行者　徳留 慶太郎
発行所　株式会社すばる舎
〒170-0013　東京都豊島区東池袋 3-9-7
東池袋織本ビル
TEL　03-3981-8651（代表）
03-3981-0767（営業部直通）
FAX　03-3981-8638
URL　http://www.subarusya.jp/
振替　00140-7-116563
印刷　シナノ印刷株式会社

ISBN978-4-7991-0868-0